London Suspended

A Donata

Marco Petrus
London Suspended

Text by / Testo di
Beppe Severgnini

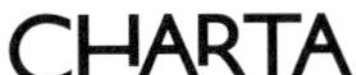

CHARTA

Design / Progetto grafico
Gabriele Nason

Editorial Coordination
Coordinamento redazionale
Emanuela Belloni

Editing / Redazione
Elena Carotti
Harlow Tighe

Traduzione / Translation
Giles Watson

Copywriting and Press Office
Copy e Ufficio stampa
Silvia Palombi Arte&Mostre, Milano

Web Design and On-line Promotion
Grafica Web e promozione on-line
Barbara Bonacina

Cover / Copertina
From the cycle / Dal ciclo
London Suspended, 2003

Back cover / Retro di copertina
Milano, 2003
Photo Fabrizio Ferri

Referenze fotografiche / Photo credits
Ivo Balderi
Paola Rota

Edizioni Charta
via della Moscova, 27
20121 Milano
Tel. +39-026598098/026598200
Fax +39-026598577
e-mail: edcharta@tin.it
www.chartaartbooks.it

Printed in Italy

Barbara Behan Contemporary Art
50 Moreton Street
London SW1V 2PB
Tel. / Fax +44-(0)207-8218793
e-mail: info@barbarabehan.com
www.barbarabehan.com

London Suspended

Barbara Behan Contemporary Art,
London
6 November – 31 December 2003
6 novembre – 31 dicembre 2003

The artist thanks / L'artista ringrazia

Fabrizio Ferri
Luigi Grella
Daniela Jurman
Antonina Zaru

London Suspended
Beppe Severgnini

When I came out of Marco Petrus' studio, I found myself looking at Milan. This is not normal, I assure you. You use Milan, you don't look at it. And yet, as I left the Isola district and headed back along the Bastioni, I realised my eyes were wandering. To the balconies, corners, cubes, curves, windows, roofs and terraces. To flowers on the terraces and infringements of building regulations exonerated by amnesties and familiarity.
Think about it. This is no small thing. In fact, it's rather significant. An artist who shows us to look is like a musician teaching us how to listen. As soon as I saw a Petrus painting of the Torre Velasca on a magazine cover, I realised his works stay in the memory because they restore dignity to the places where we live. They give back meaning to architectural styles – rationalism, modernism – crushed between endless revivals and a future of glass and metal. They do not set out to persuade us that the buildings are beautiful. But they do tell us that they are there, and help us to rediscover forgotten details. Milan is as busy as Manhattan but, unlike Manhattan, it does not force your eyes skyward. People who use Milan love it as they might love a relative's uneven teeth. It's there, and it has done a lot of chewing.

I imagine that Marco Petrus learned to describe Milan because he grew up there, in a family that itself came straight out of a story. His Ukrainian grandfather was a prisoner of war, his grandmother was an exile, his father was an artist and his childhood was spent in the Bohemian atmosphere of Brera, which today has been cleaned up and Covent Garden-ised (it's essentially a department store foyer). I wondered whether Petrus would be able to describe a different city, like London. He's been there, of course, chasing girls when he was twenty and views at forty. But he doesn't really know London. And London is complicated.
Yet – and I don't know how – Marco Petrus has done it again. Perhaps because he has what is known as a "fresh eye". Perhaps because Canary Wharf was invented for artists. Perhaps because we all love monuments, like Milan's San Siro football stadium or London's Battersea Power Station. Or perhaps because the unseen are similar everywhere. Behind a shop window in Croydon, or at Ca' Brutta in Via Turati, people are basically the same. They have the same desires, worries and consolations. Their habits and languages are moving closer, and intermingling (we have "downshifting" in Milan and Londoners eat "al fresco"). It doesn't matter if you can't actually see the people. For me, they are – or have been, or will be – there.

That may be why Petrus' paintings do not make me feel anxious. Instead, they instil a euphoric serenity. I do not perceive any of Giorgio de Chirico's forebodings, or the melancholy of Mario Sironi. Nor do I see in them some appalling "Day After", as one writer claimed. What I see is the momentary hiatus that follows the dawn and precedes the business of the day. The streets are empty, and the slanting sun grazes the windows. Petrus' city is a promise still to be kept.

Look at the colours of the sky behind the buildings and you'll see the remains of a dream.

London Suspended
Beppe Severgnini

Quando sono uscito dallo studio di Marco Petrus mi sono ritrovato a guardare Milano. Credetemi, non è ovvio. Milano è una città che si usa, non si guarda. E invece mi sono accorto, lasciando il quartiere Isola e rientrando sui Bastioni, che gli occhi andavano in giro: balconi e spigoli, cubi e parabole, vetri e tetti, terrazzi e fiori sui terrazzi, abusi sanati prima dai condoni e poi dall'abitudine.
Pensateci: non è poco. Anzi, è moltissimo. Un pittore che ci insegna a guardare è come un musicista che ci insegna, suonando, ad ascoltare. I quadri di Petrus – l'ho pensato appena ho visto una sua Torre Velasca sulla copertina di una rivista – sono memorabili perché ridanno dignità ai luoghi della nostra vita. Restituiscono un significato a stili architettonici (il razionalismo, il modernismo) rimasti schiacciati tra l'eterno revival e un futuro di vetro e metallo. Non intendono convincerci che quegli edifici siano belli. Ci dicono però che ci sono, e aiutano a riscoprire dettagli che avevamo perduto. Milano infatti è indaffarata come Manhattan ma, a differenza di Manhattan, non strappa lo sguardo verso l'alto. Milano è amata da chi la frequenta come si ama la dentatura irregolare di un parente. Perché c'è, e ha molto masticato.

Immagino che Marco Petrus abbia imparato a raccontarla perché c'è cresciuto, uscito da una famiglia che era già l'inizio di un racconto: nonno ucraino rimasto prigioniero della guerra, nonna esule, padre pittore, un'infanzia anni Sessanta nella bohème di Brera, oggi ripulita come un Covent Garden qualunque (l'atrio di un negozio, in sostanza). Mi chiedevo: Petrus avrebbe saputo raccontare un'altra città, una città come Londra? Certo, c'è stato, per inseguire ragazze a vent'anni e panorami a quaranta. Ma non la conosce a fondo. E Londra è complicata.
E invece – non so come abbia fatto – Marco Petrus c'è riuscito di nuovo. Forse perché ha quello che, in inglese, si chiama "un occhio fresco". Forse perché Canary Wharf l'hanno inventata per i pittori. Forse perché tutti amiamo le cattedrali (qui lo stadio di San Siro, lì la Battersea Power Station). O perché l'umanità invisibile si somiglia: dietro una vetrata di Croydon o dentro la Ca' Brutta di via Turati c'è la stessa gente, in fondo. Stessi desideri, stessi guai, stesse consolazioni, abitudini e lingue che si avvicinano e si corteggiano (anche a Milano diciamo "downshifting", anche a Londra mangiano "al fresco"). E non è importante che si veda, quella gente. Per me c'è, o c'è stata, o ci sarà.

Forse è per questo che i dipinti di Petrus non mi trasmettono ansia, ma una sorta di euforica serenità. Non riconosco le premonizioni di Giorgio de Chirico o le malinconie di Mario Sironi. Non trovo neppure, in questi quadri, le immagini di uno spaventoso "day after", come ha scritto qualcuno. Vedo invece il momento sospeso che segue l'alba e precede le attività della giornata. Strade ancora vuote, sole obliquo, vetri raggiunti dalla luce. La città di Petrus è una promessa da mantenere.

Guardate i colori del cielo dietro i palazzi: è quel che resta dei sogni.

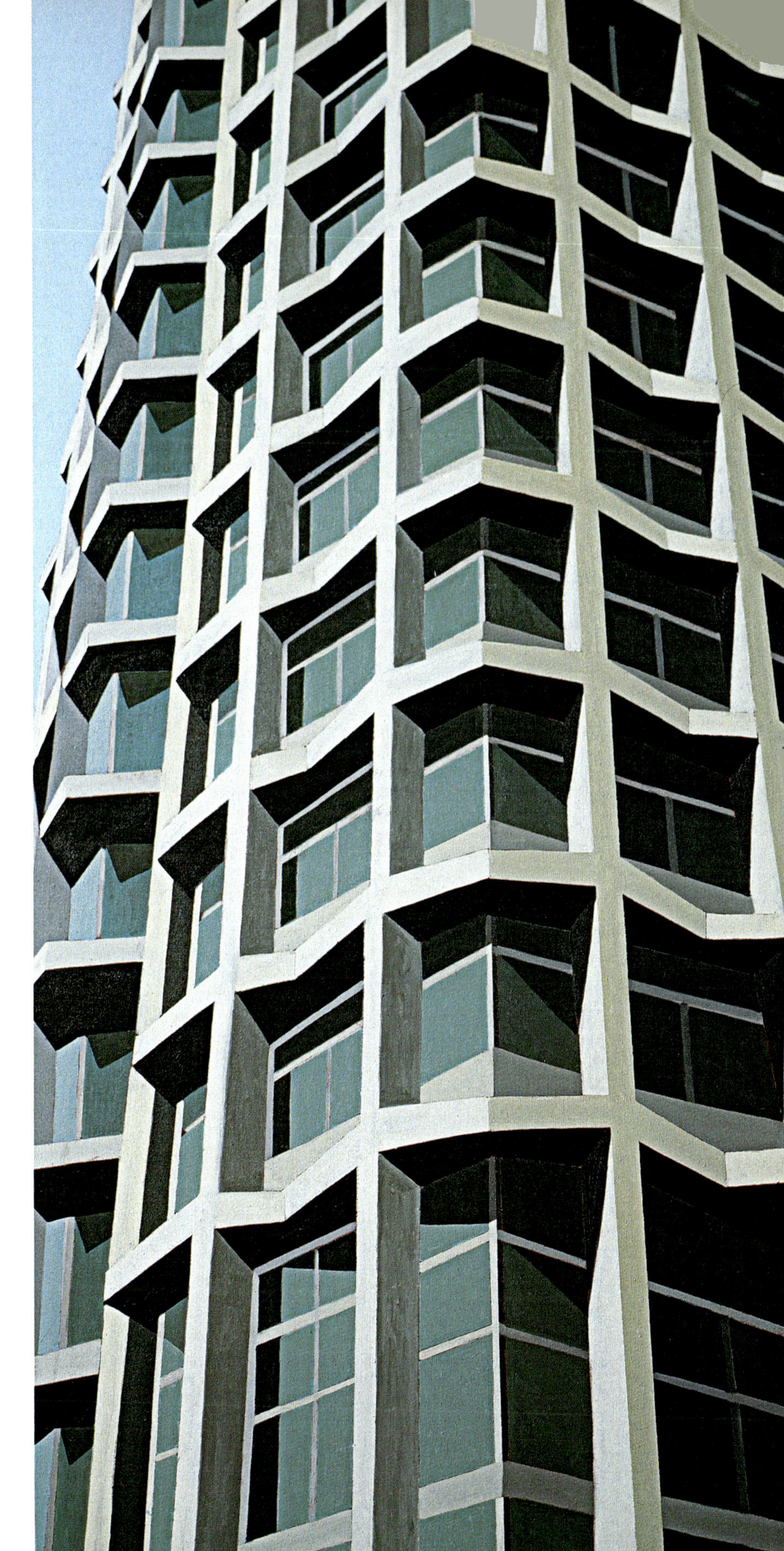

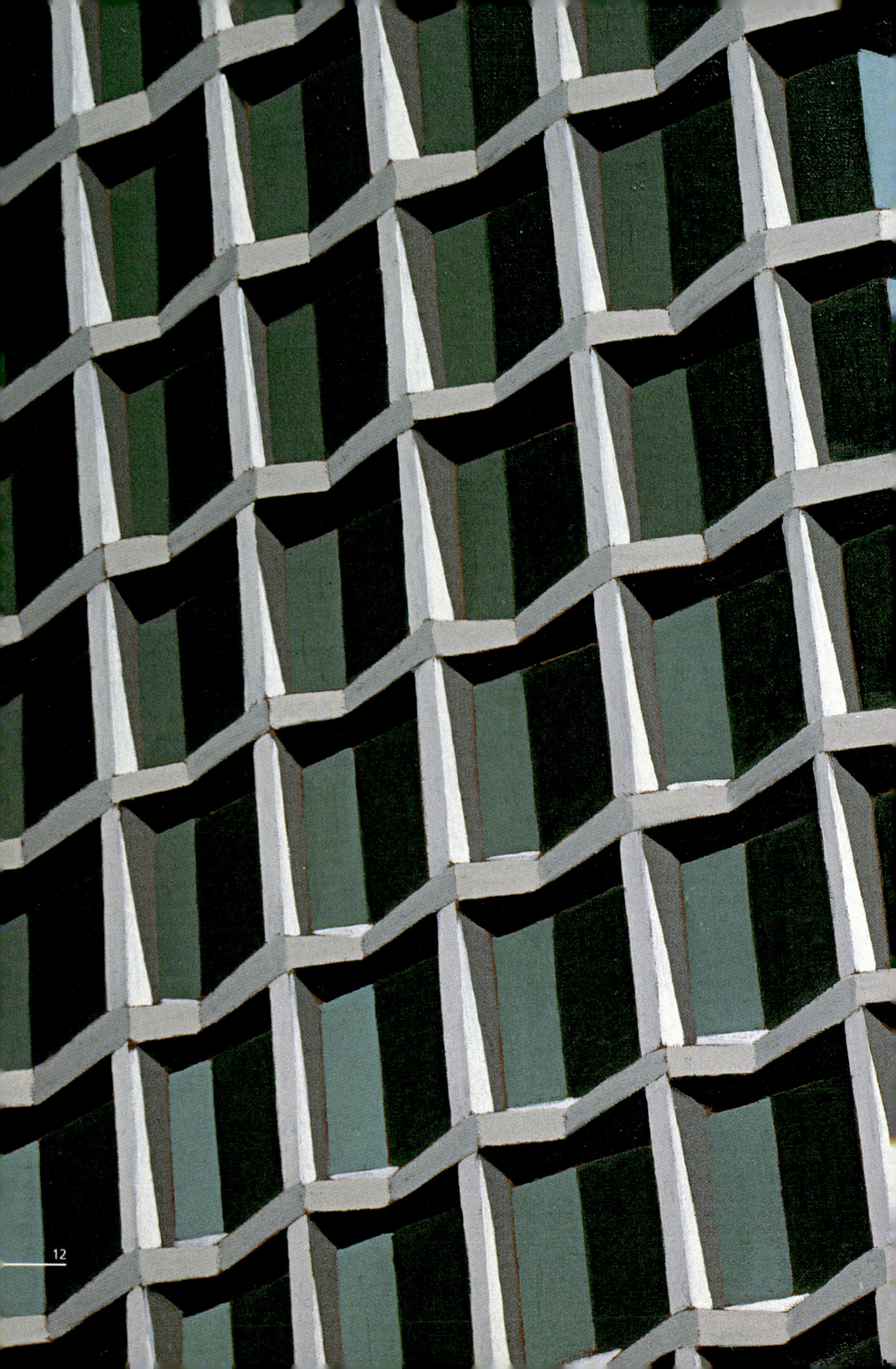

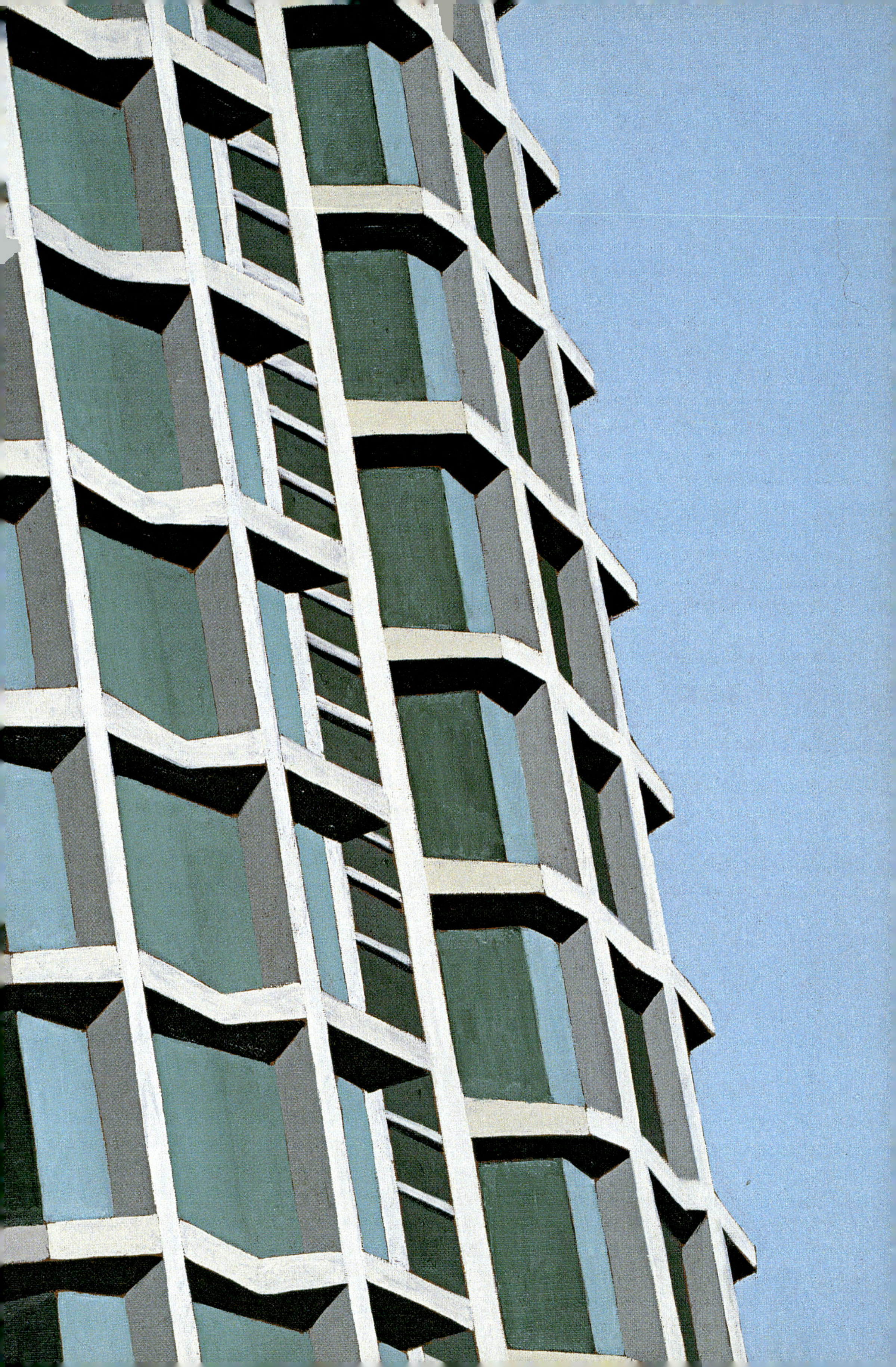

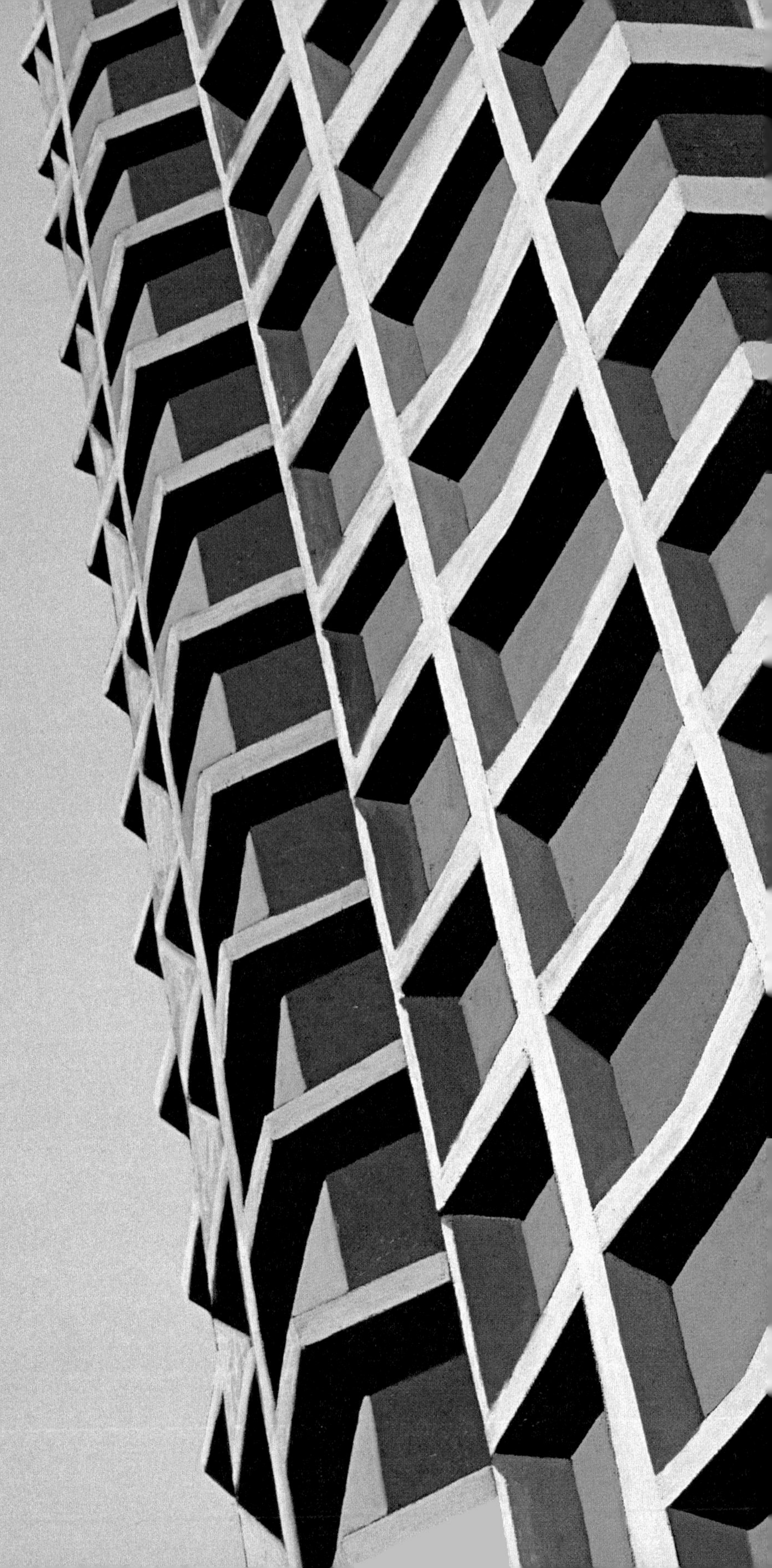

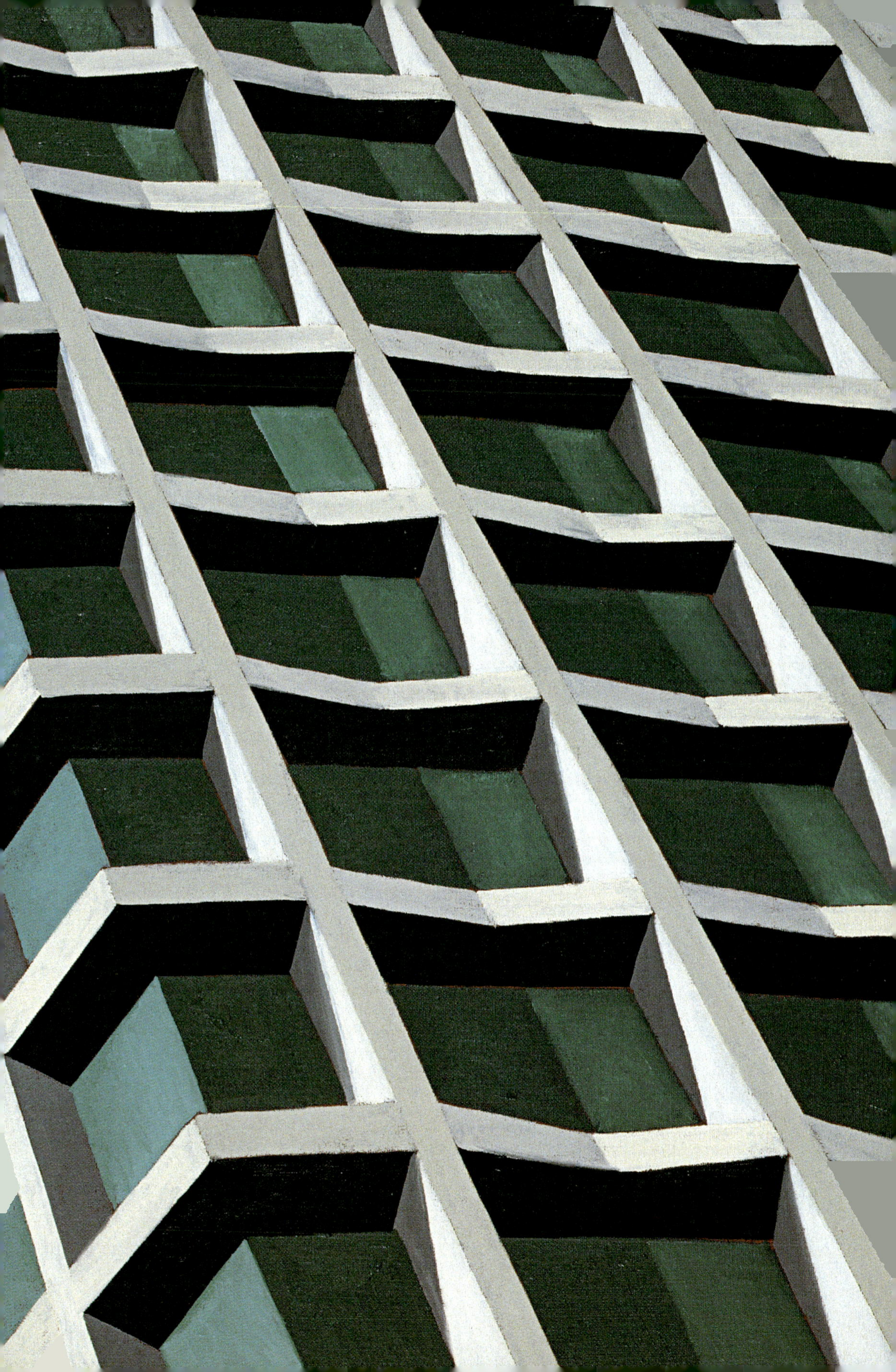

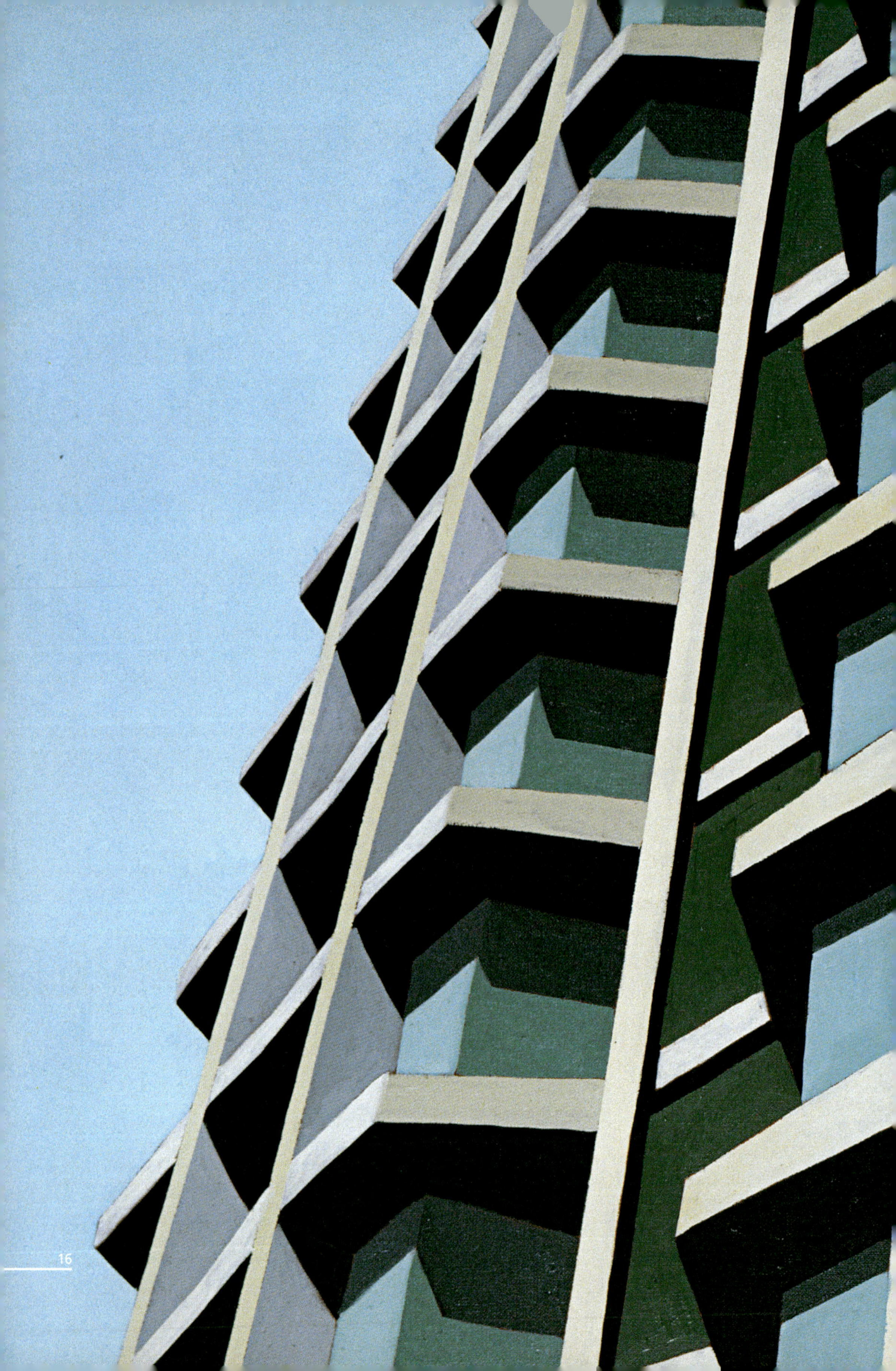

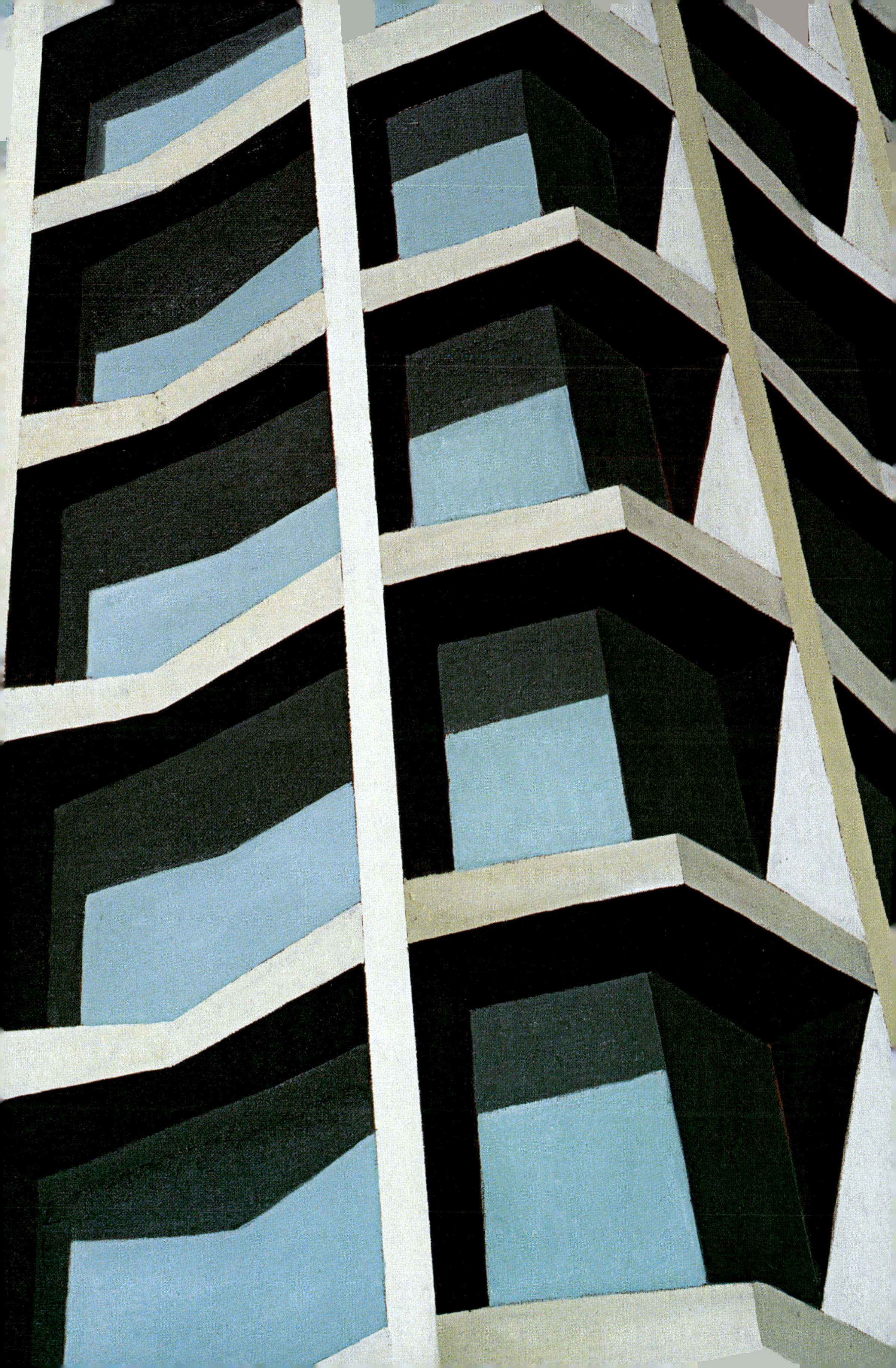

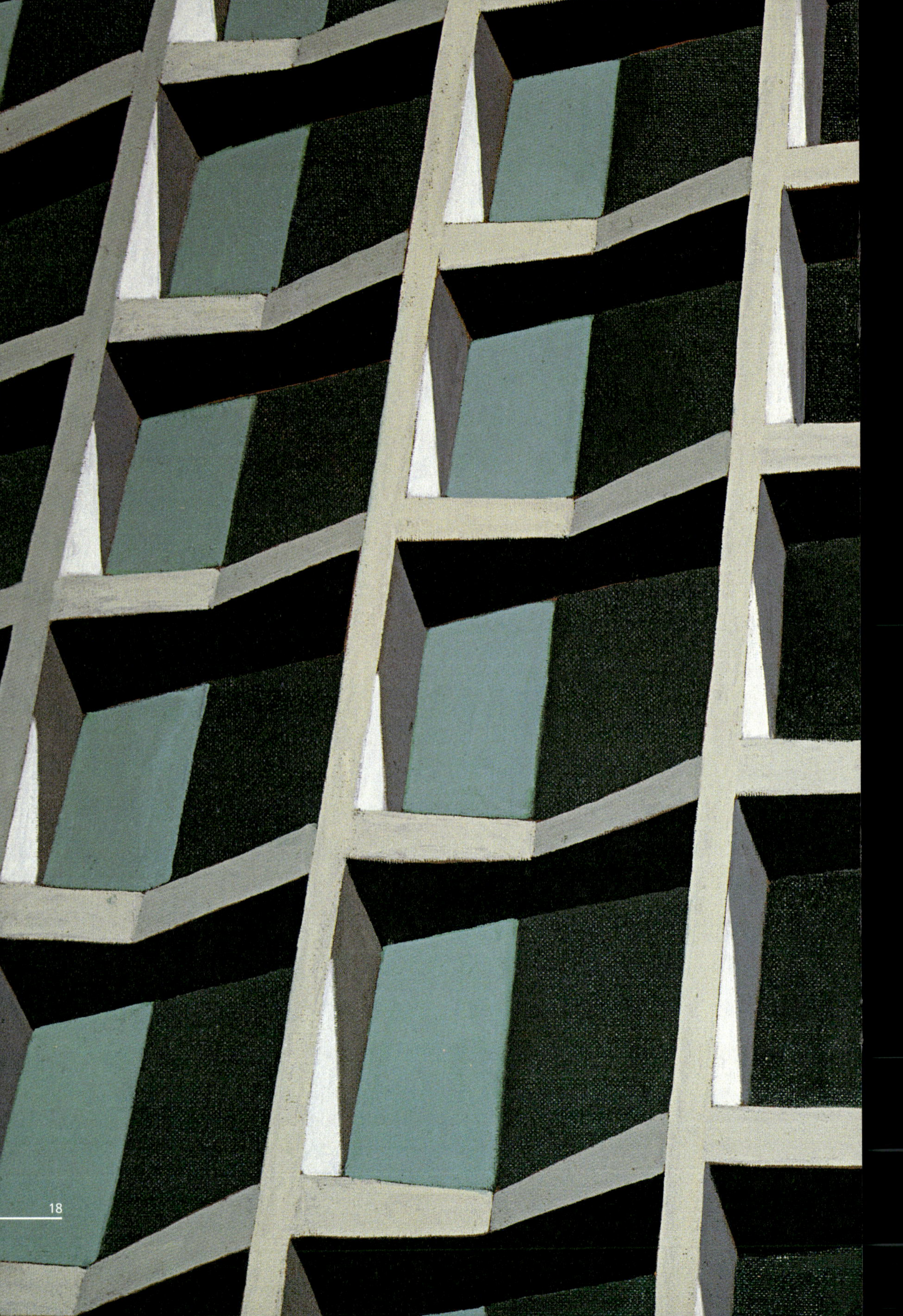

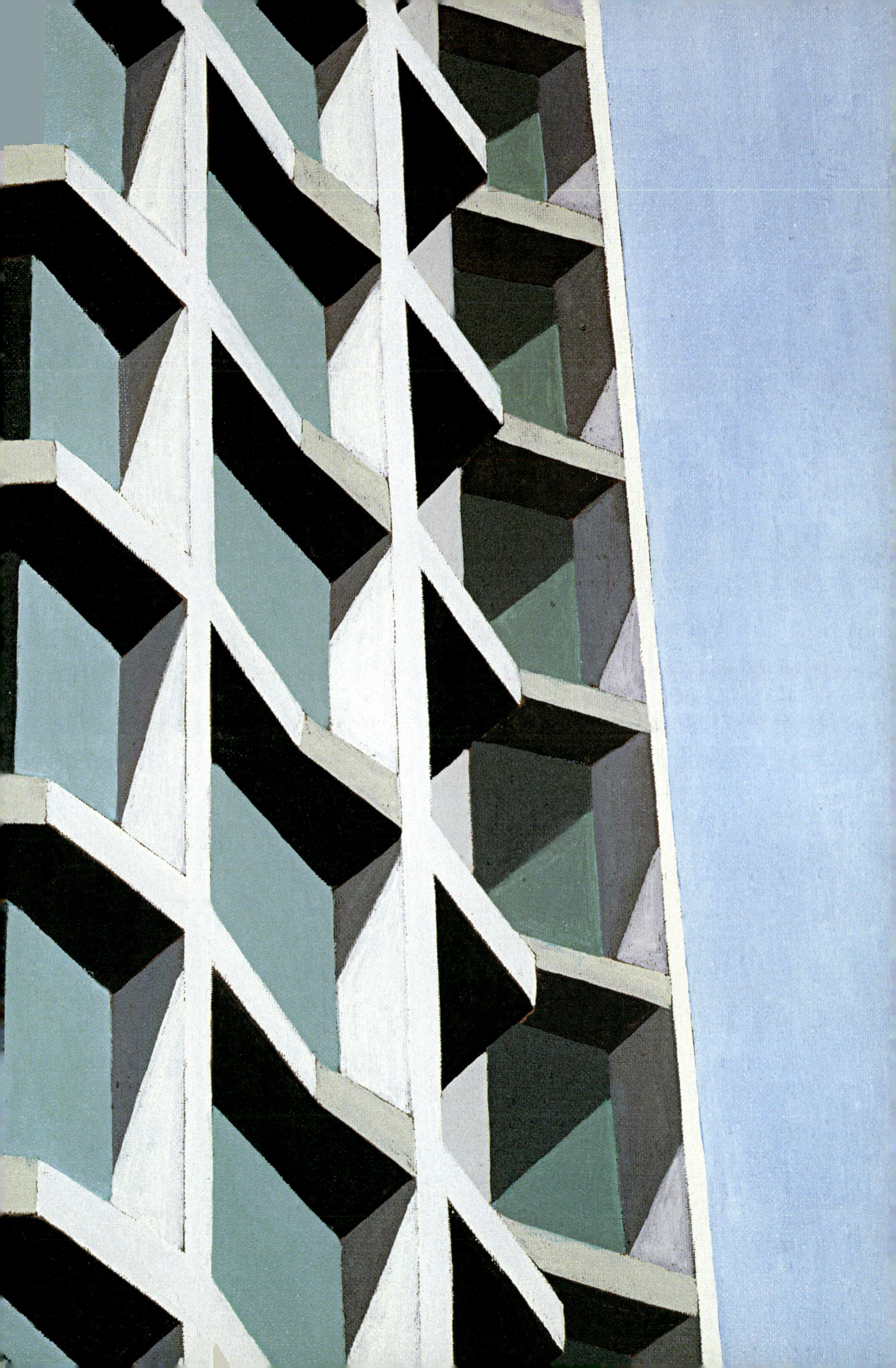

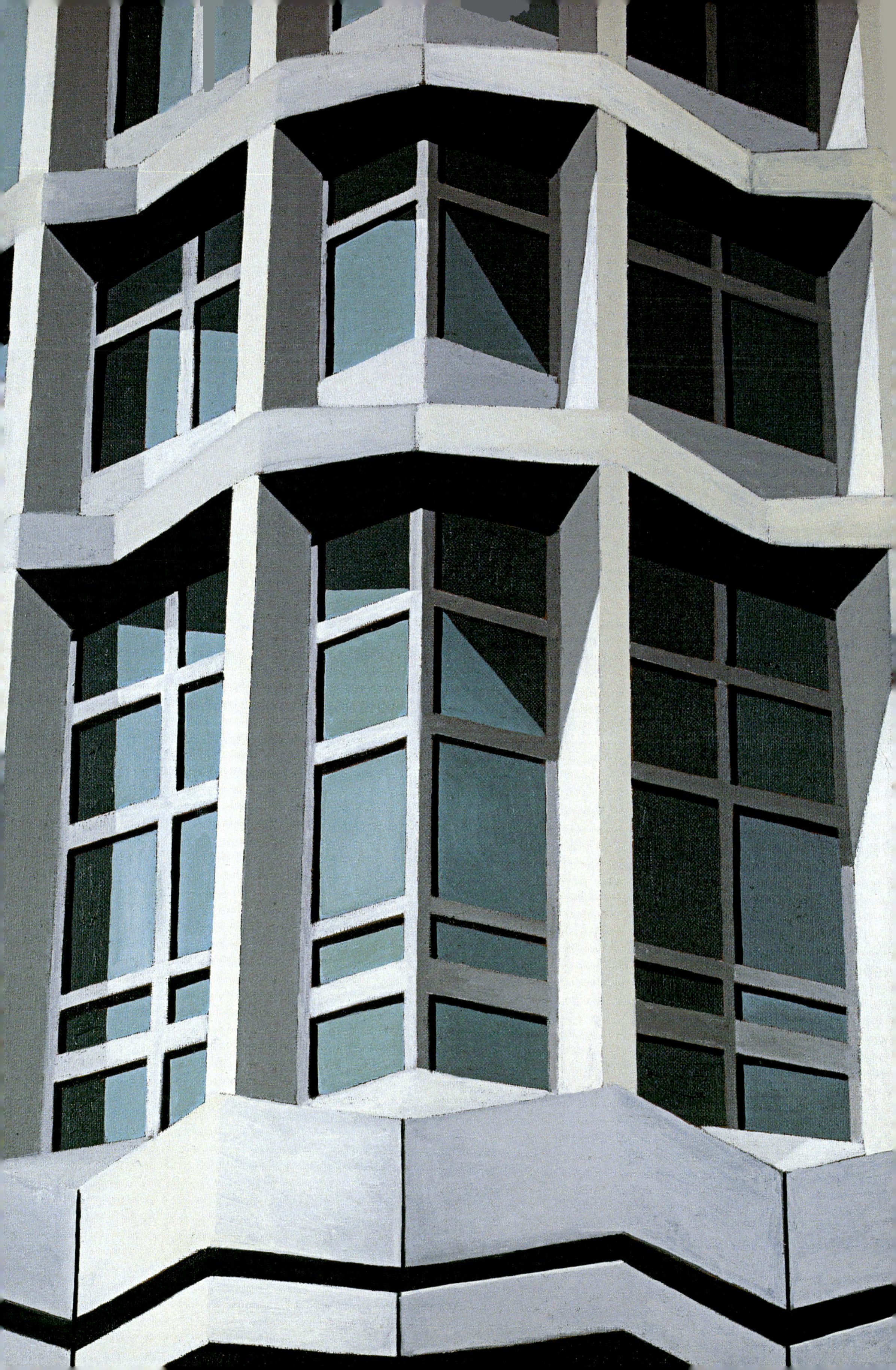

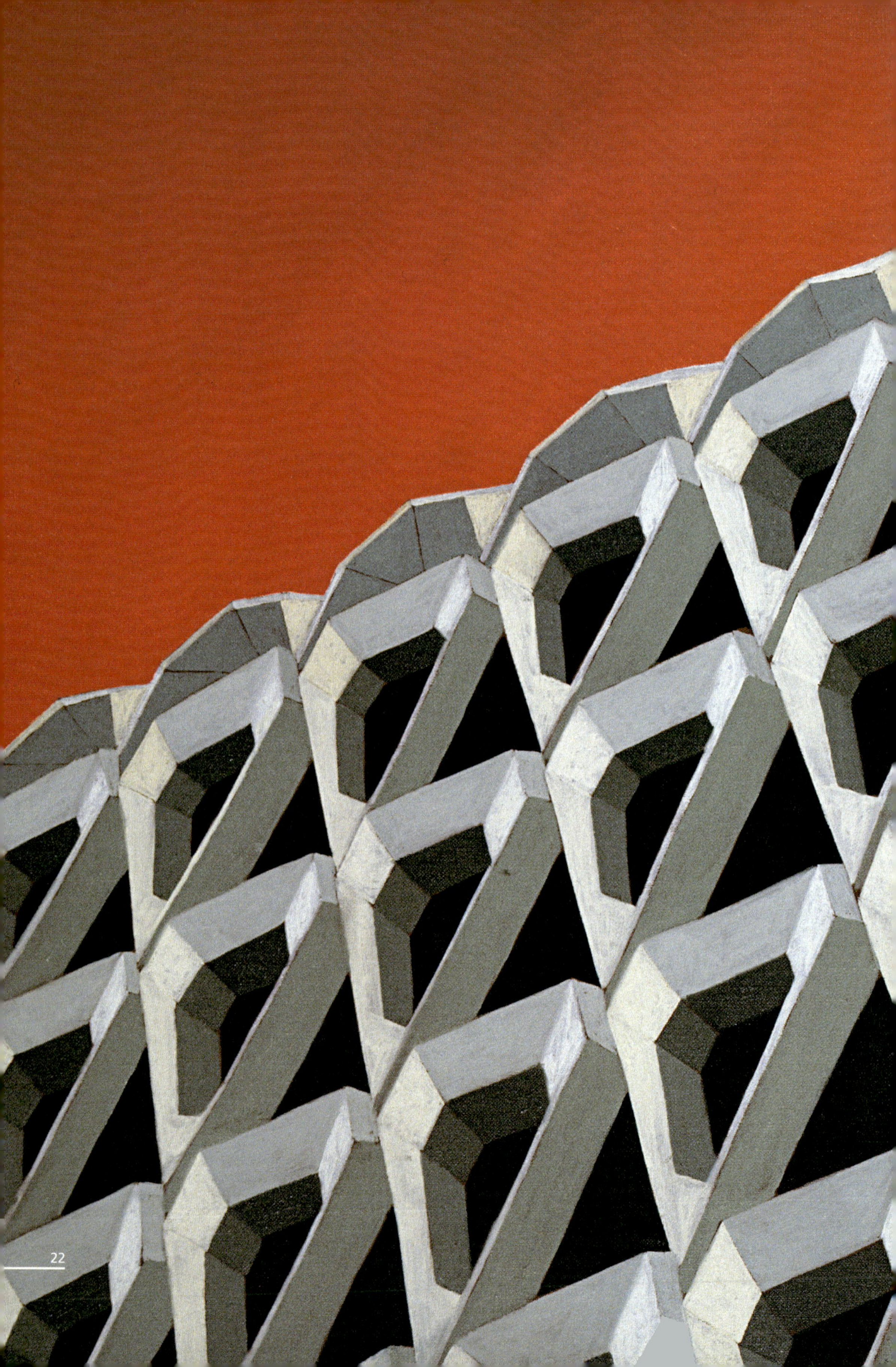

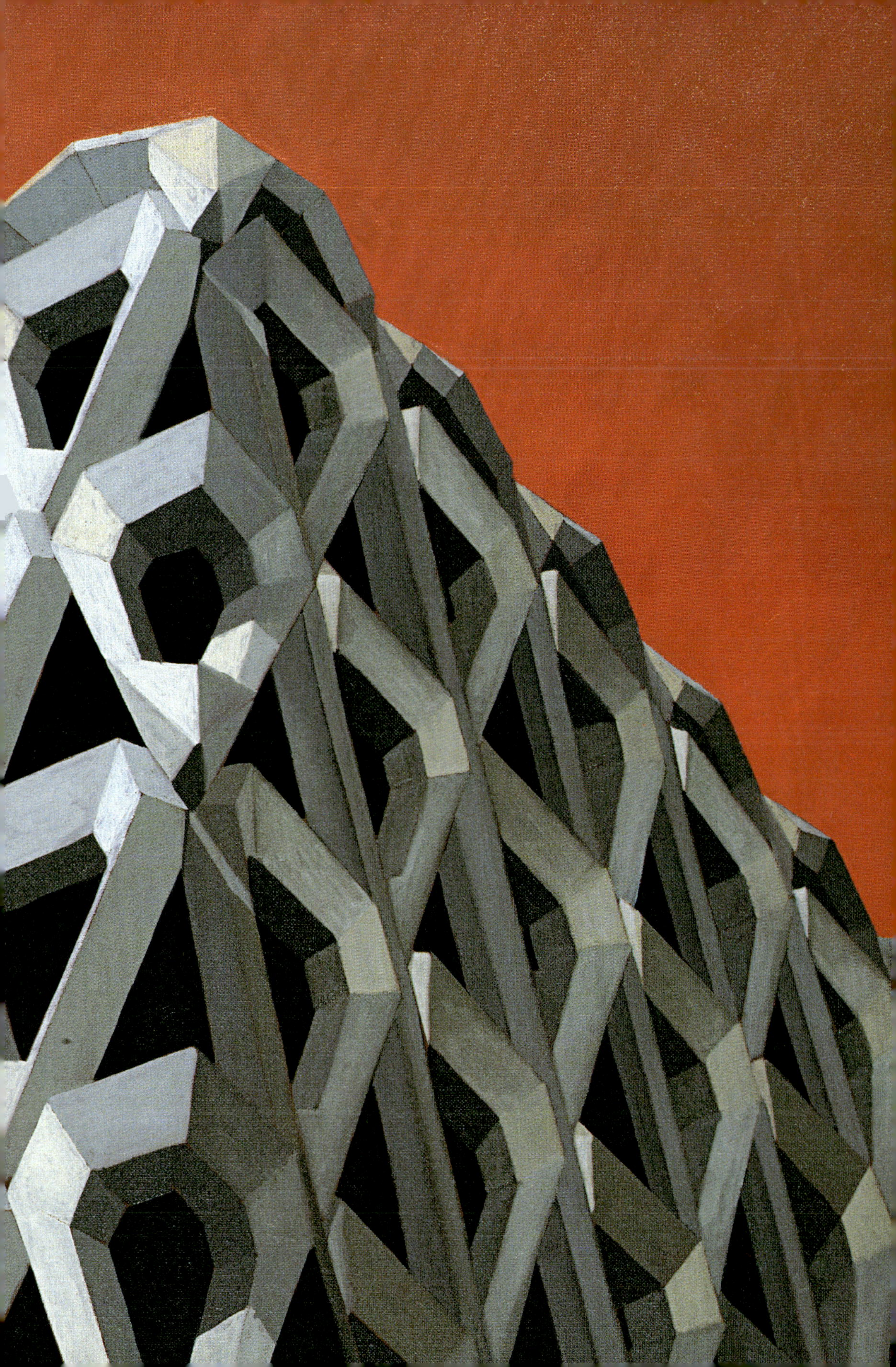

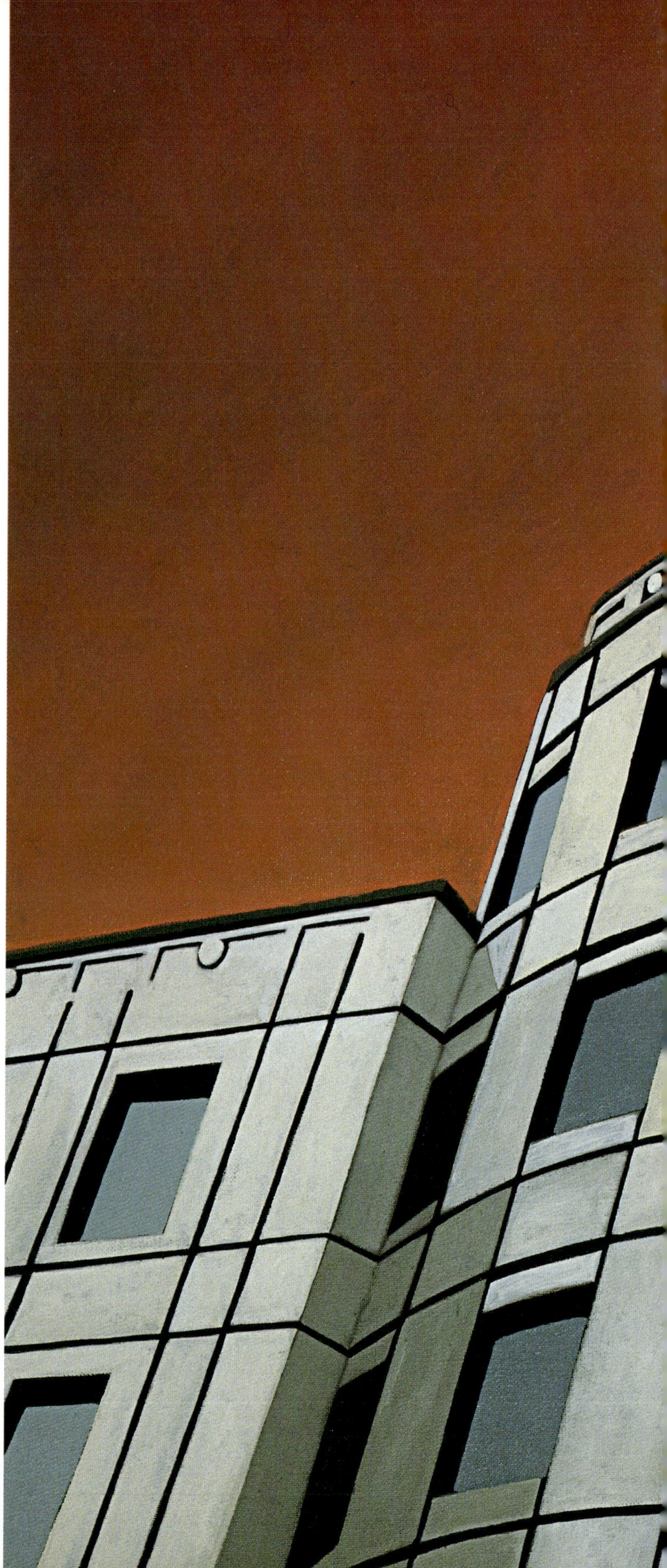

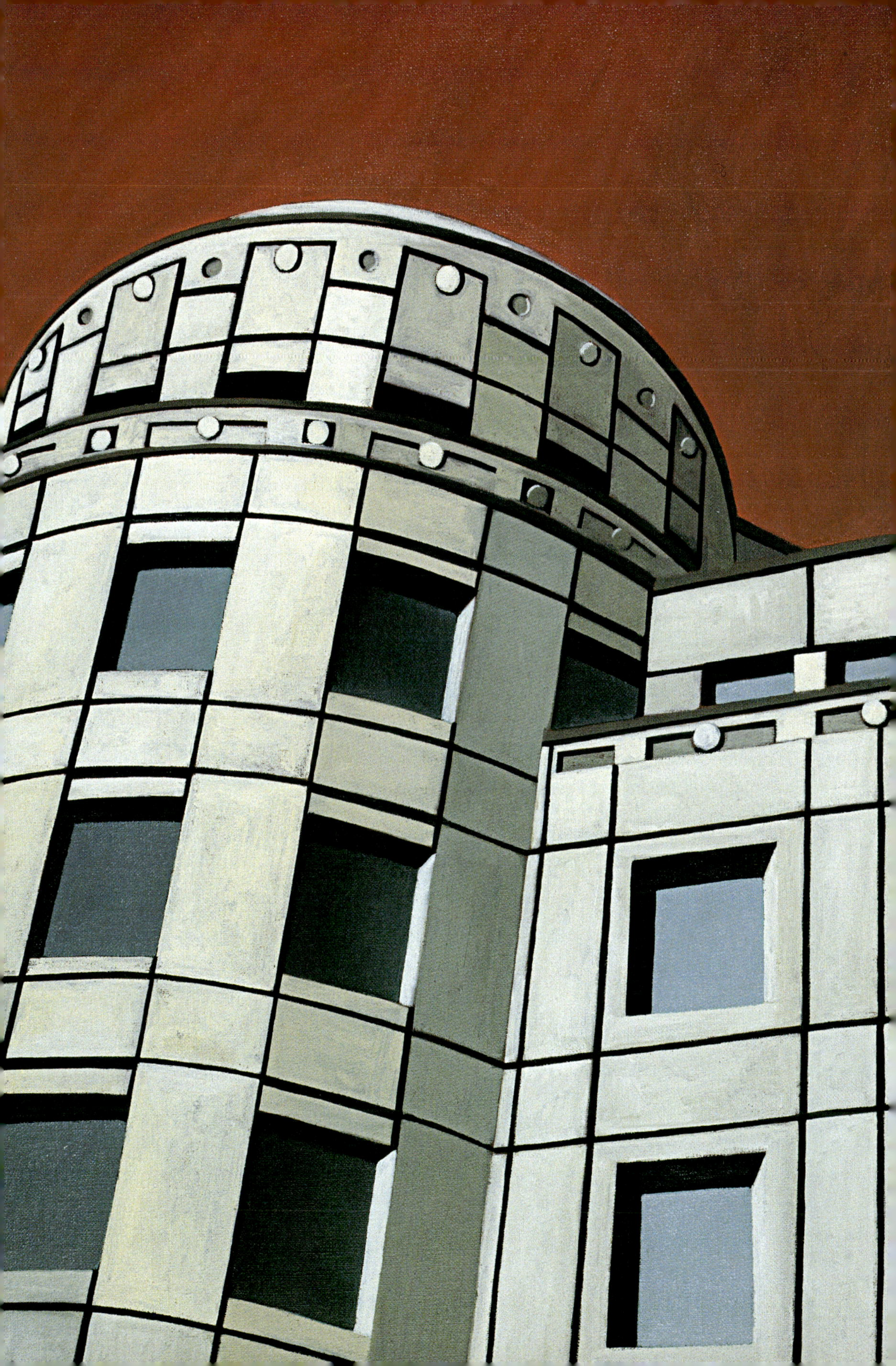

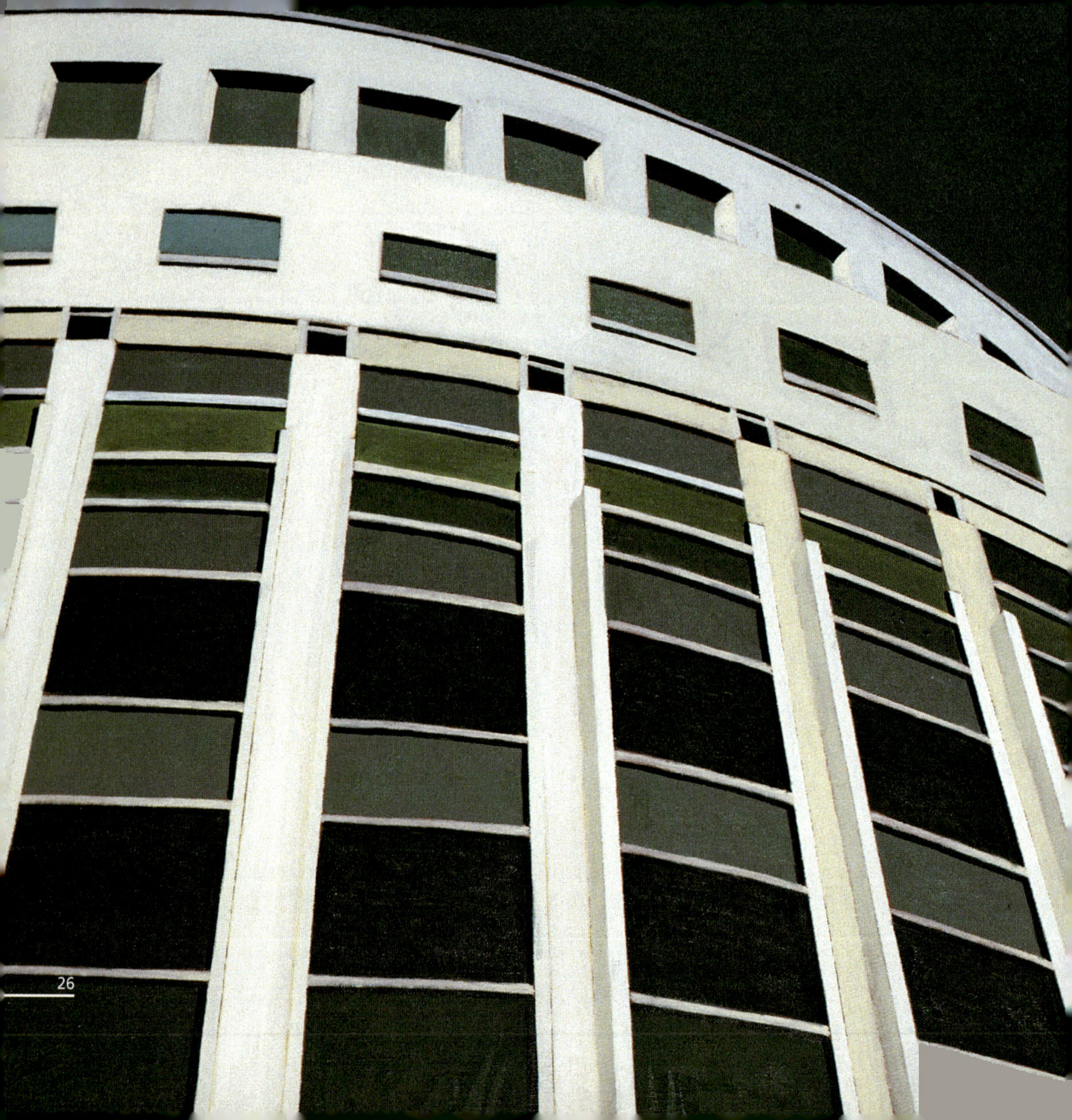

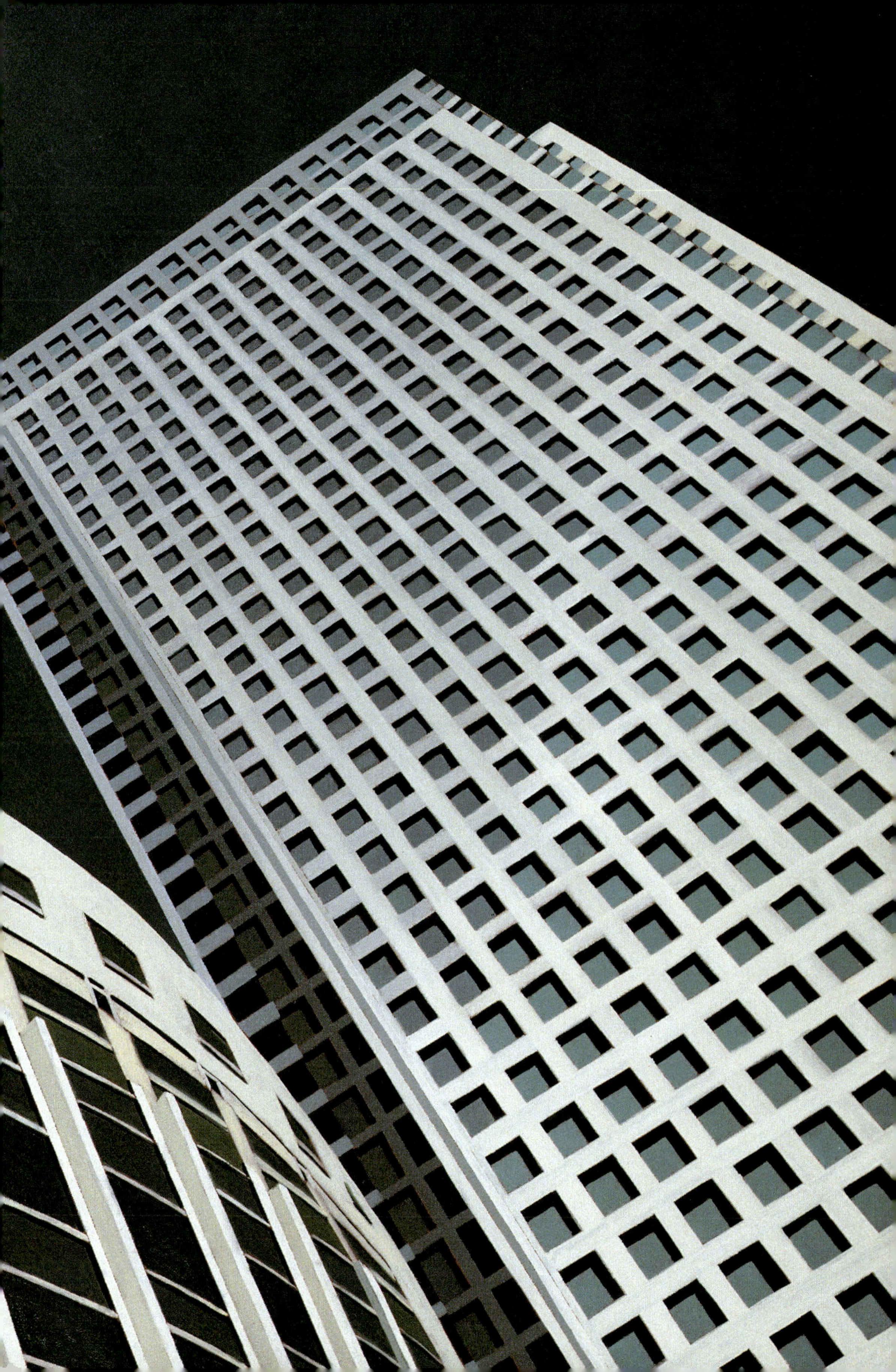

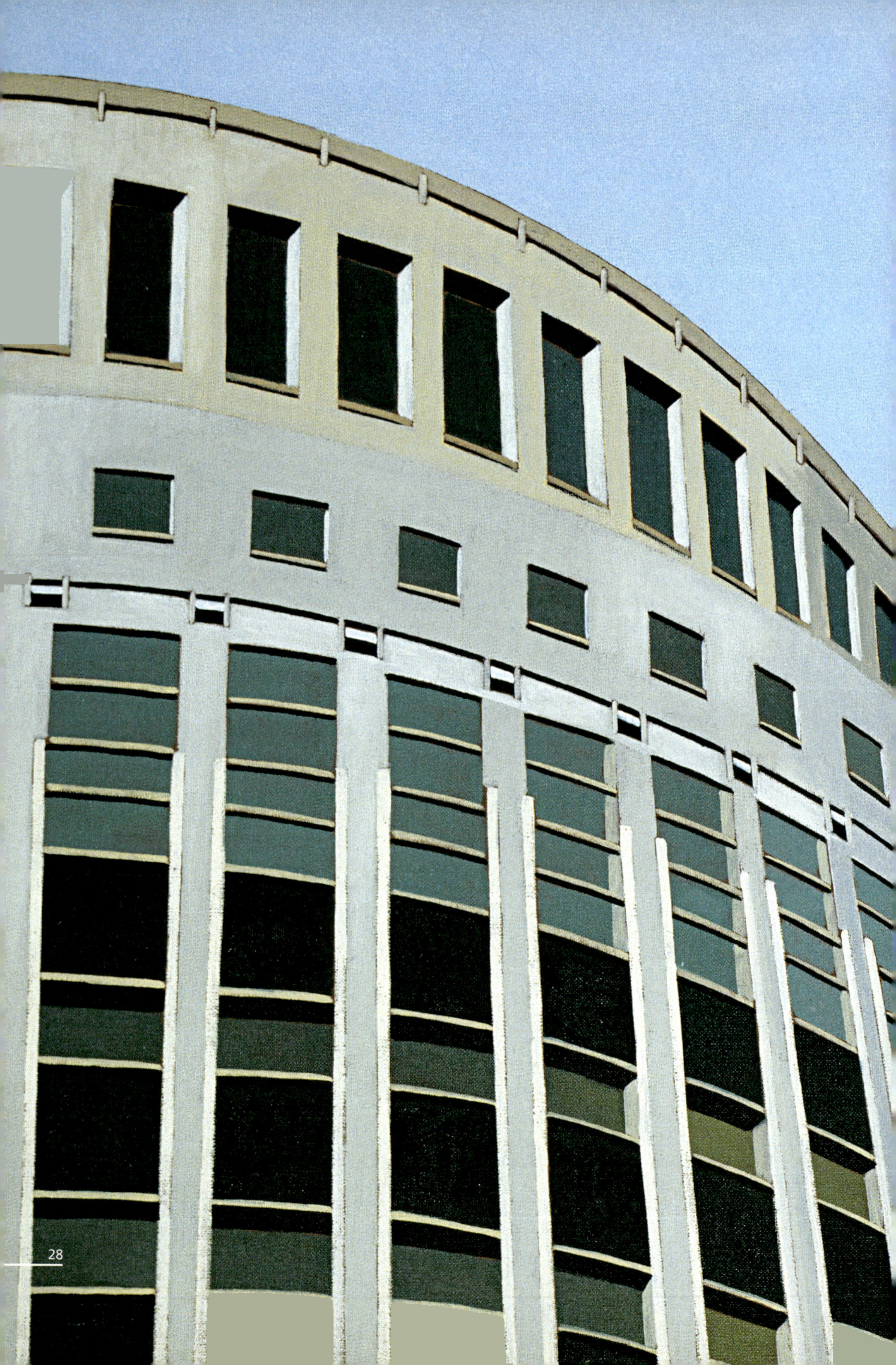

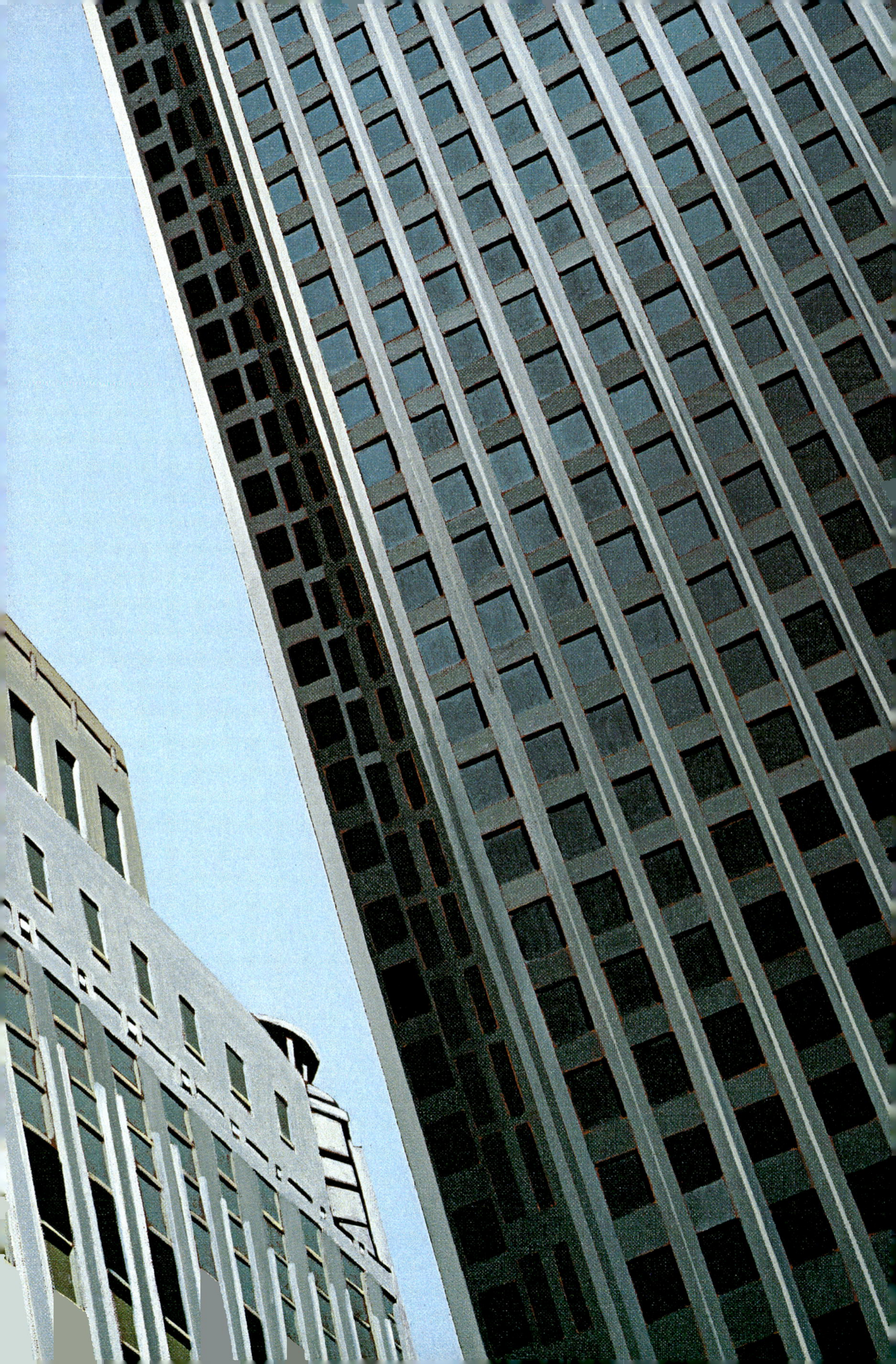

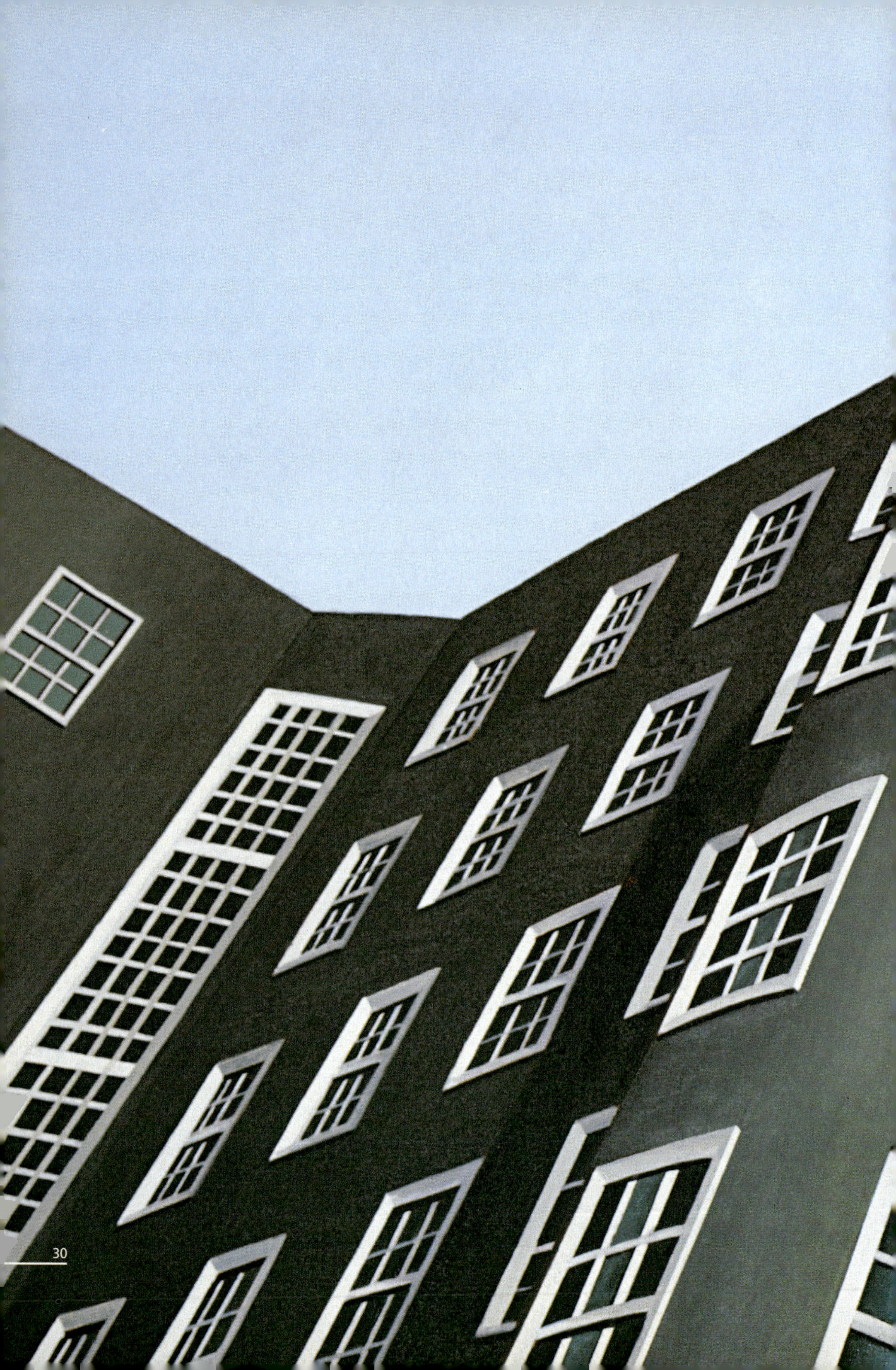

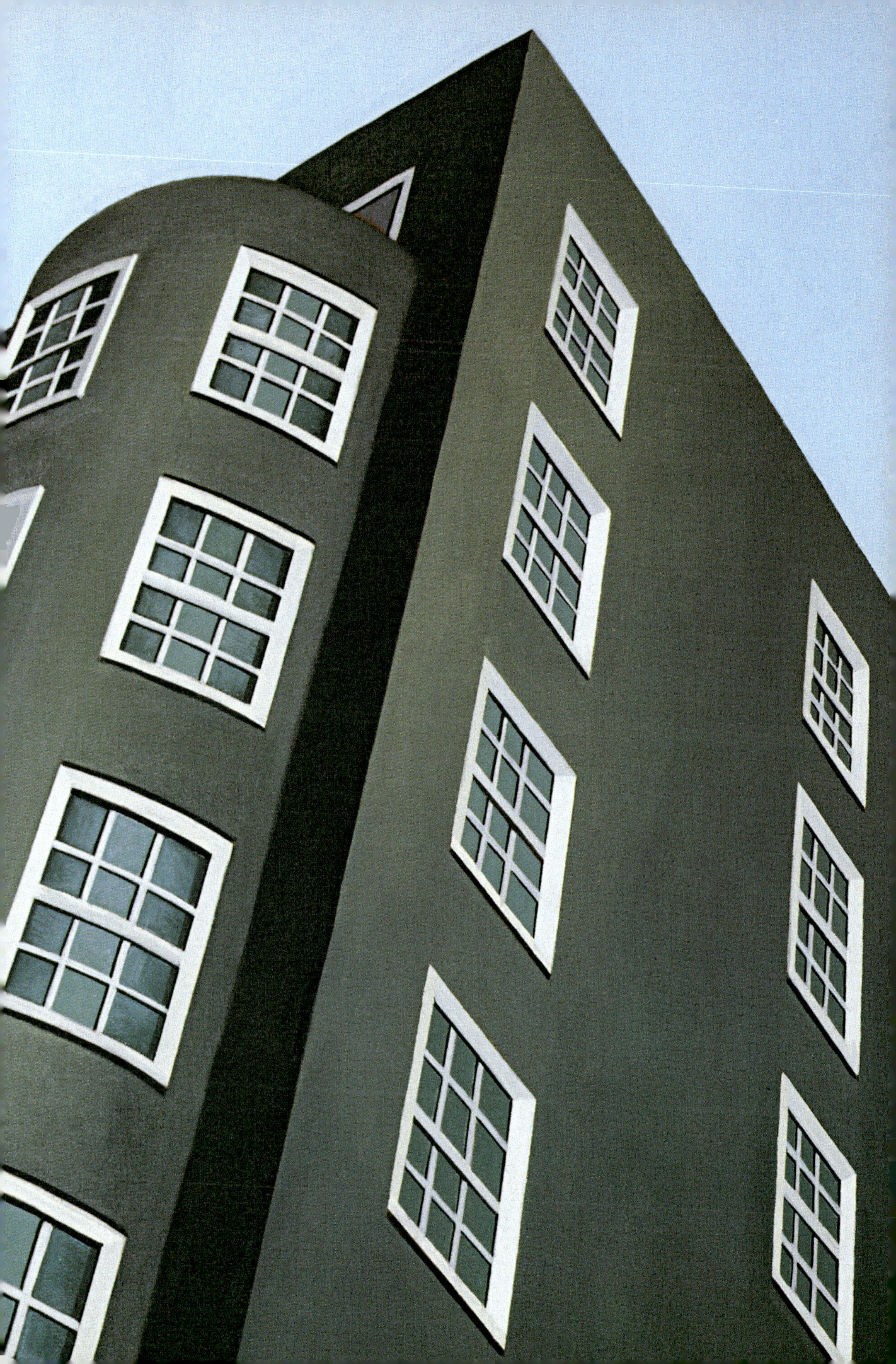

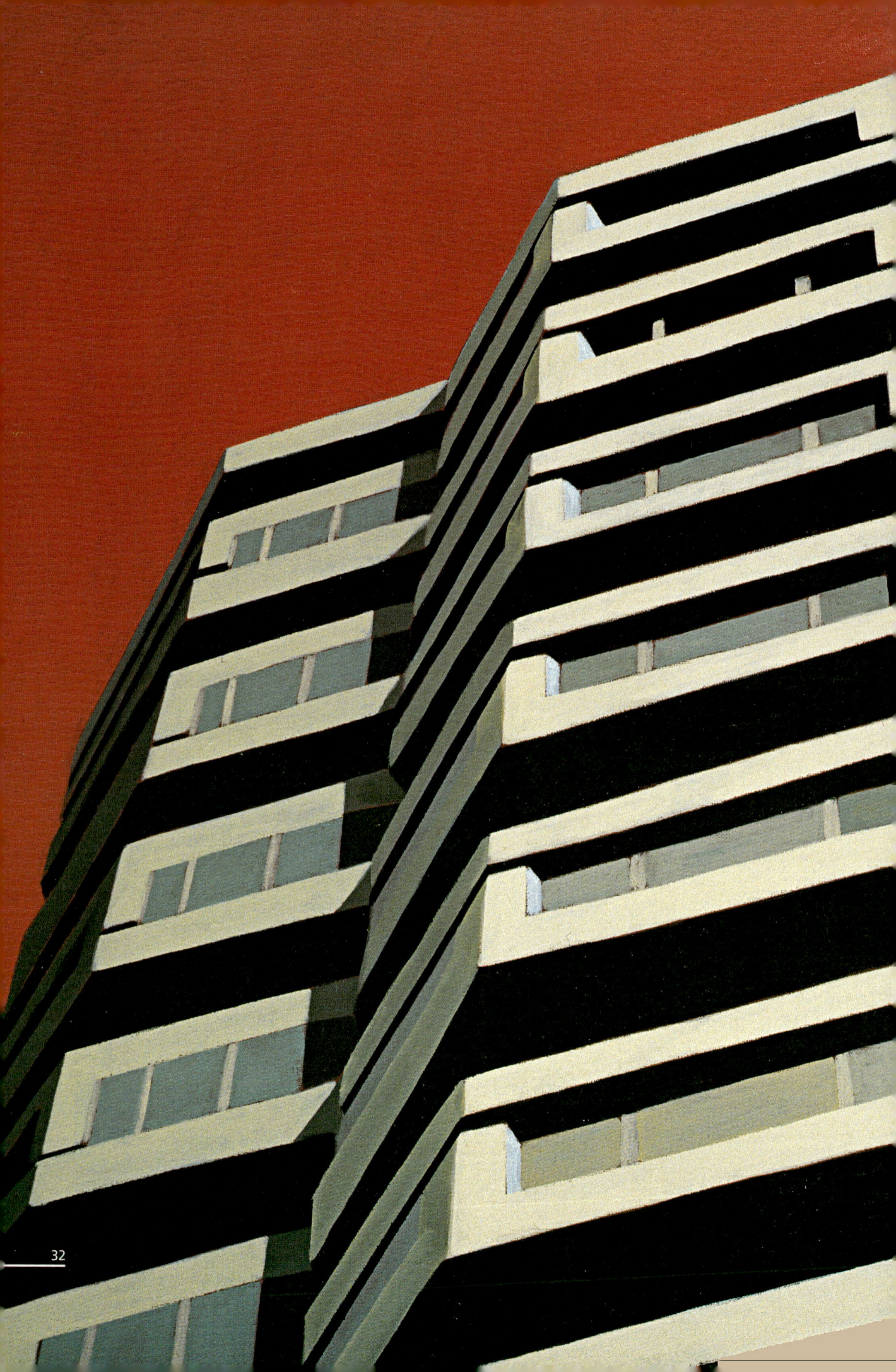

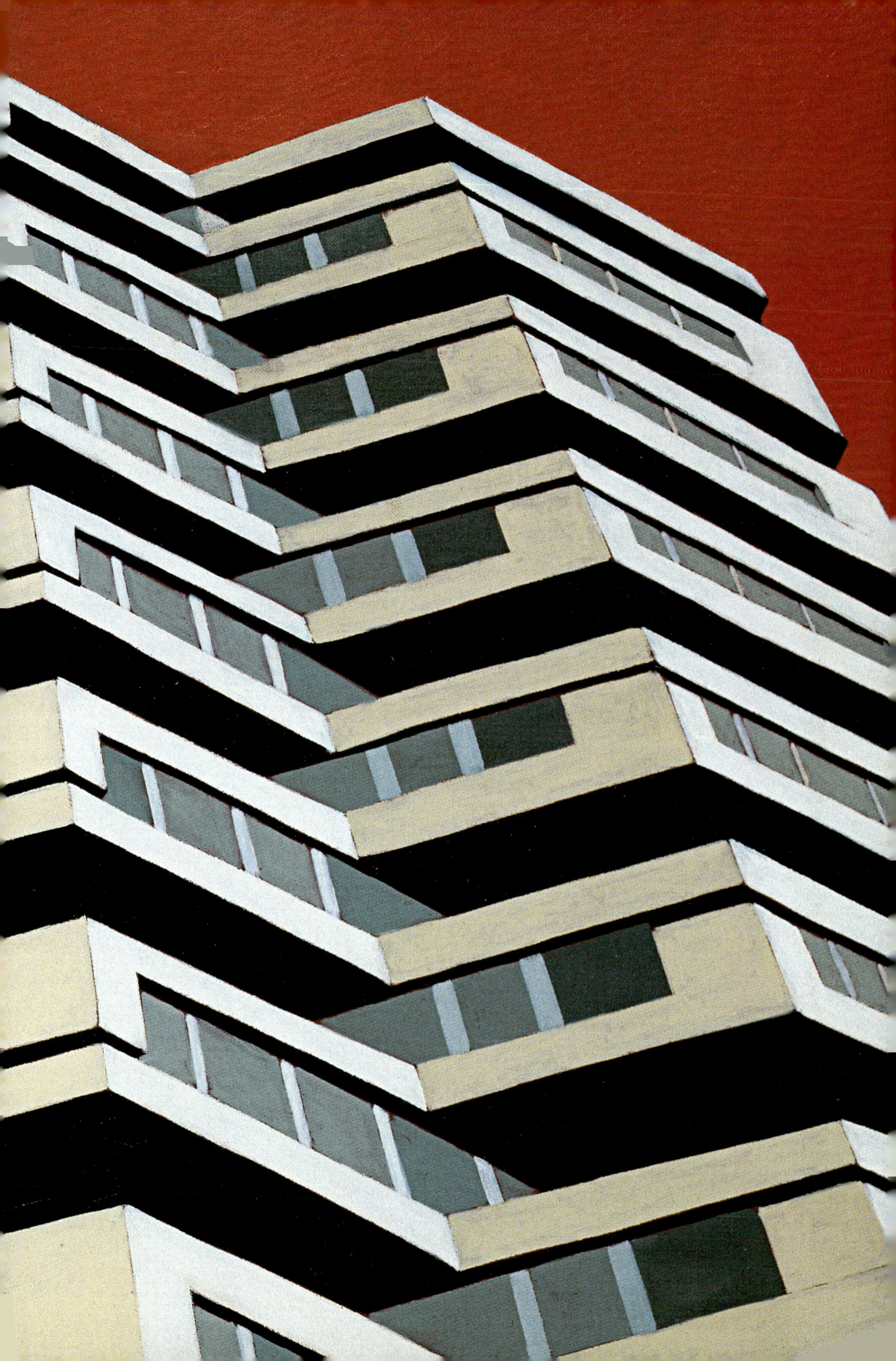

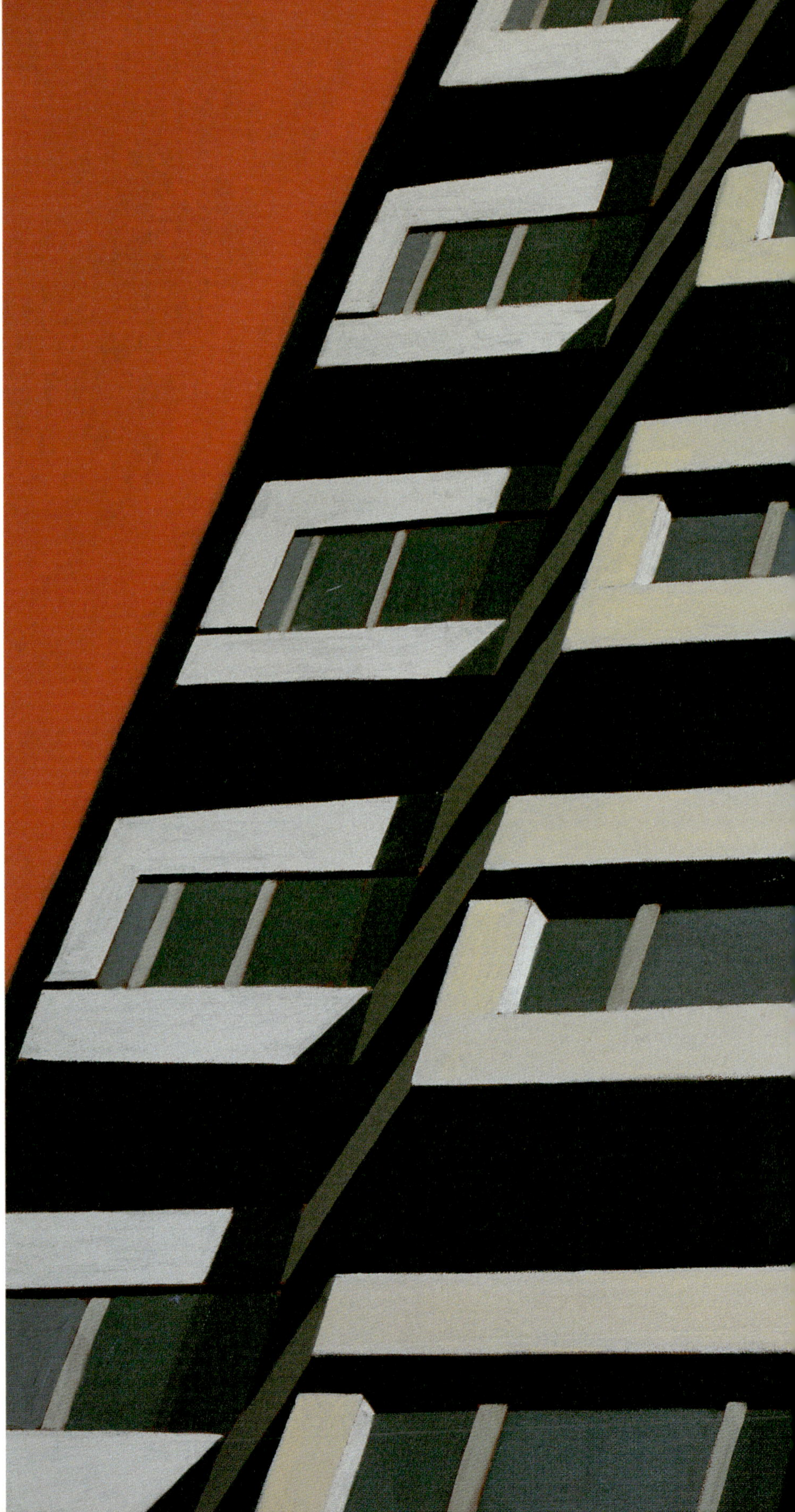

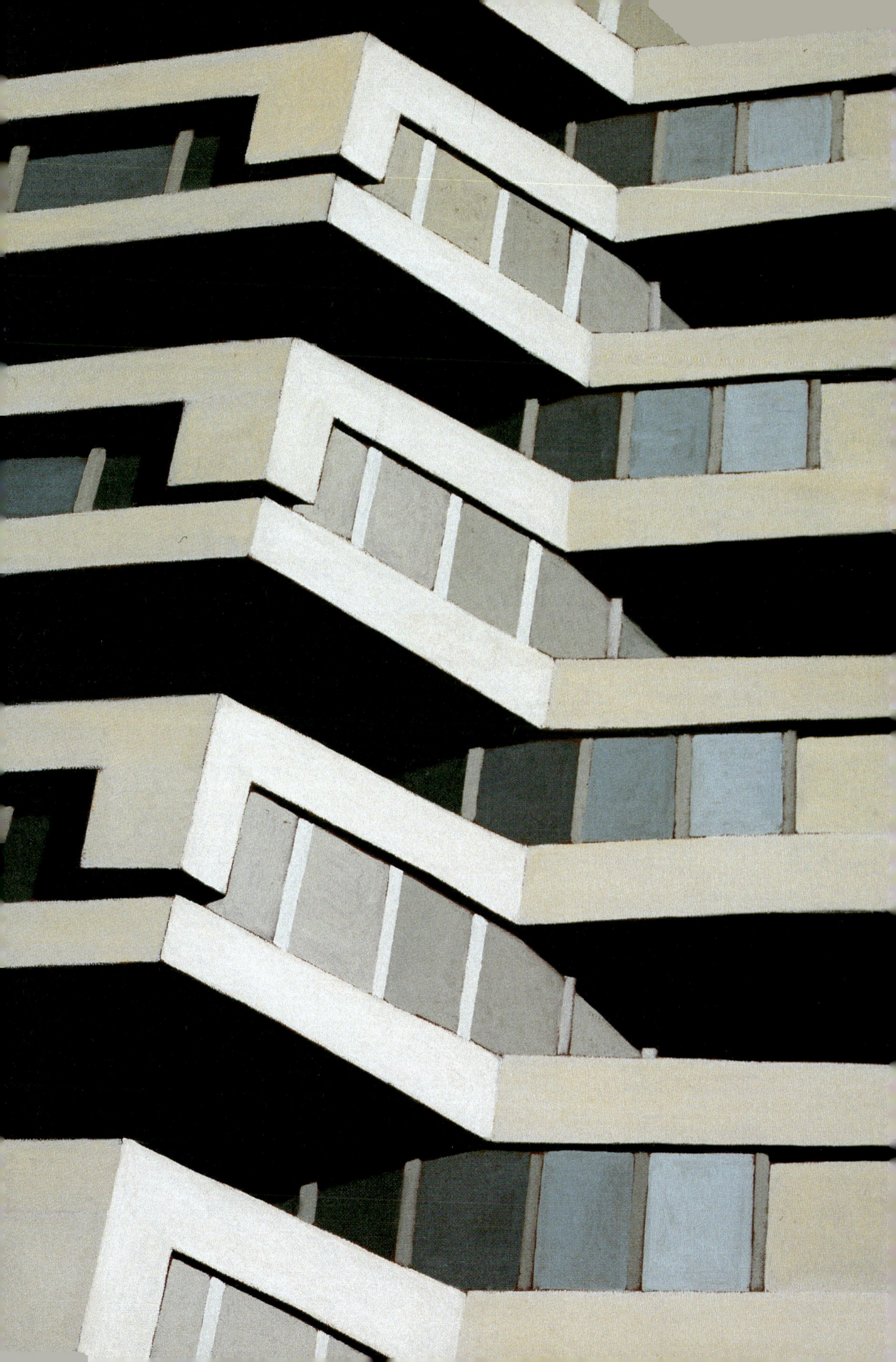

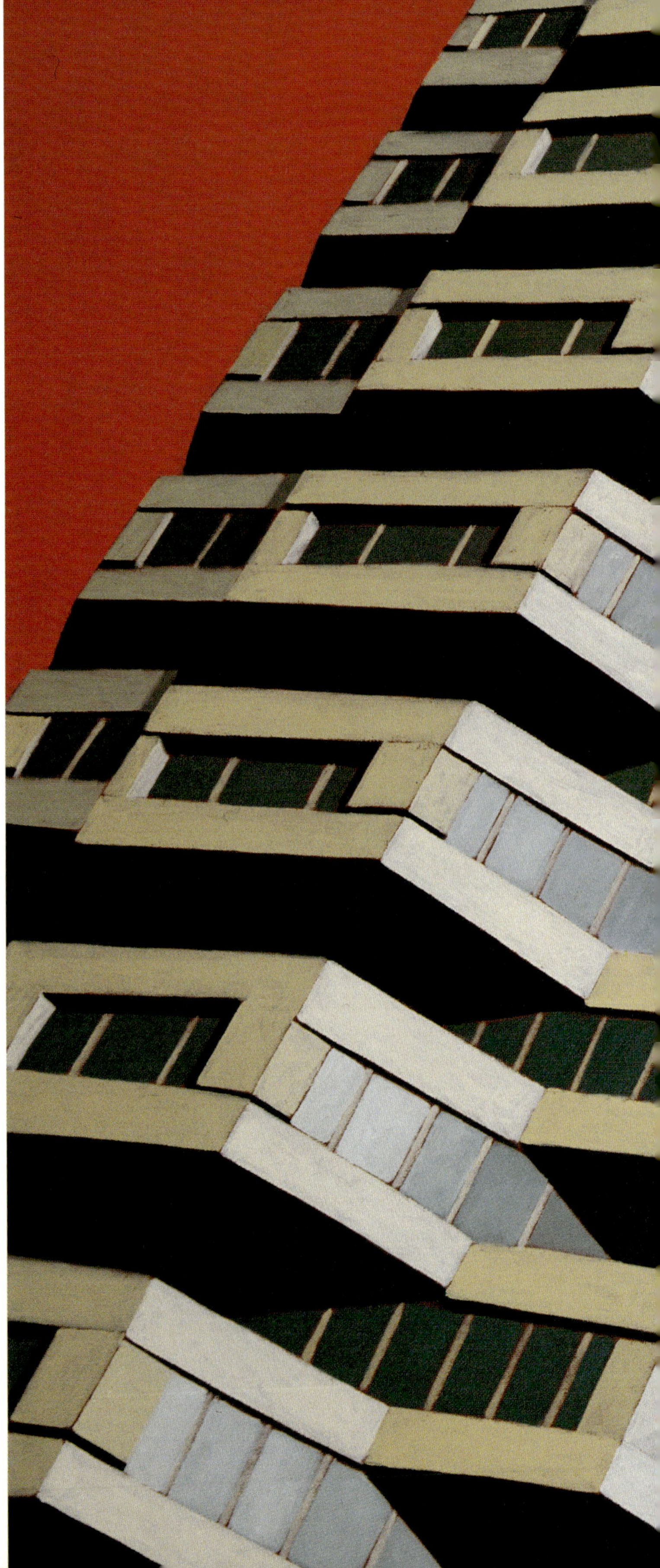

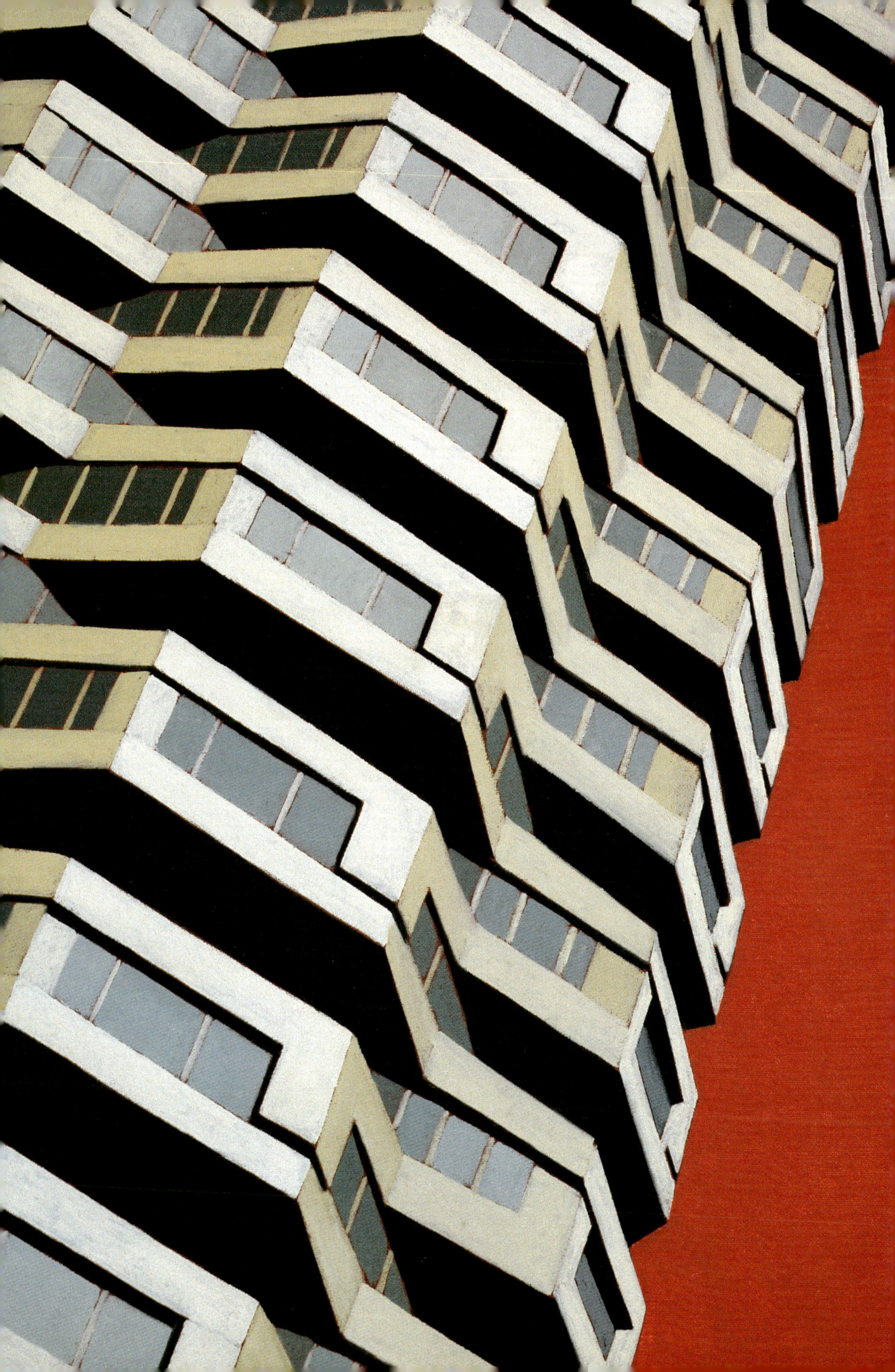

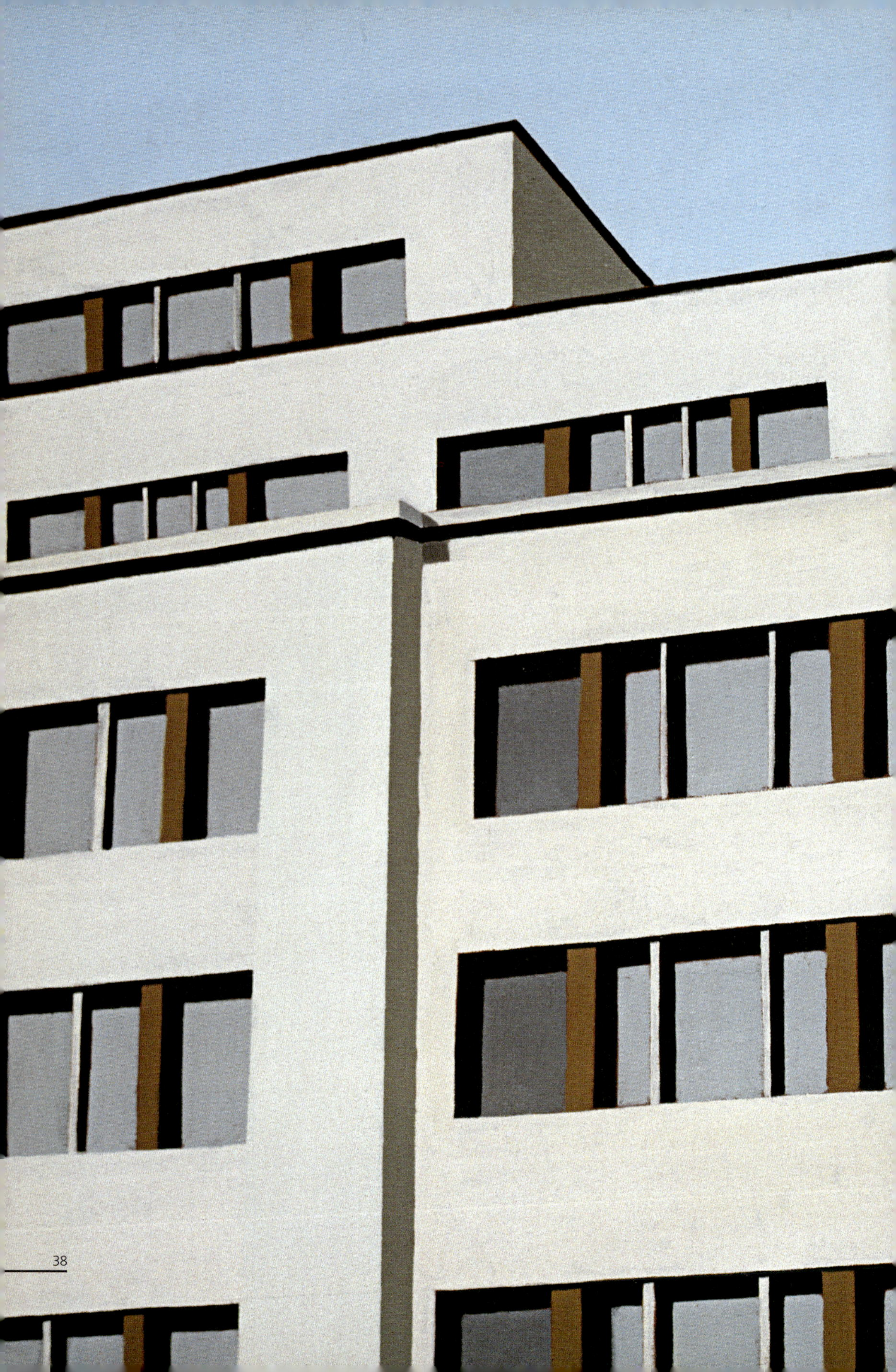

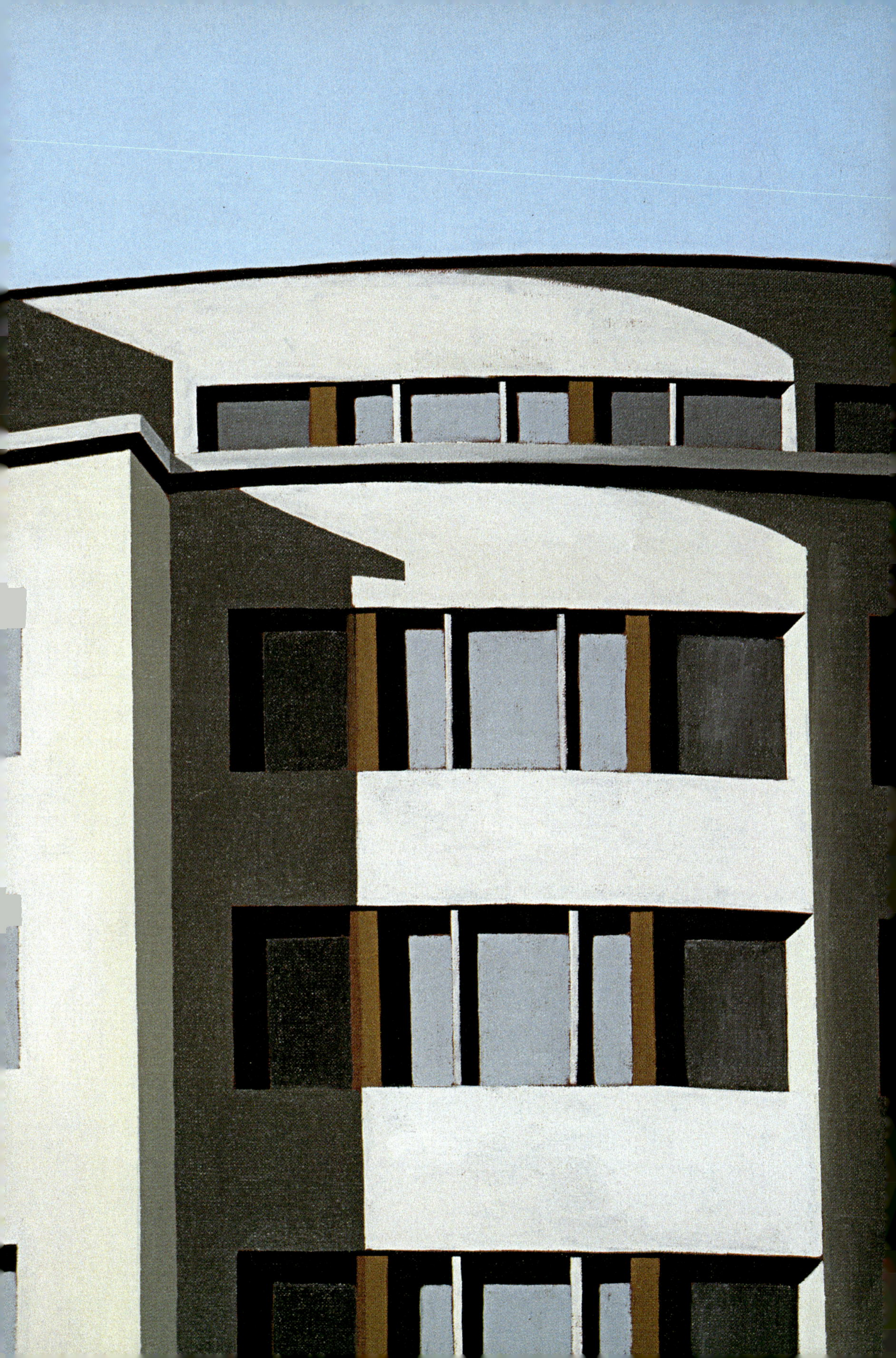

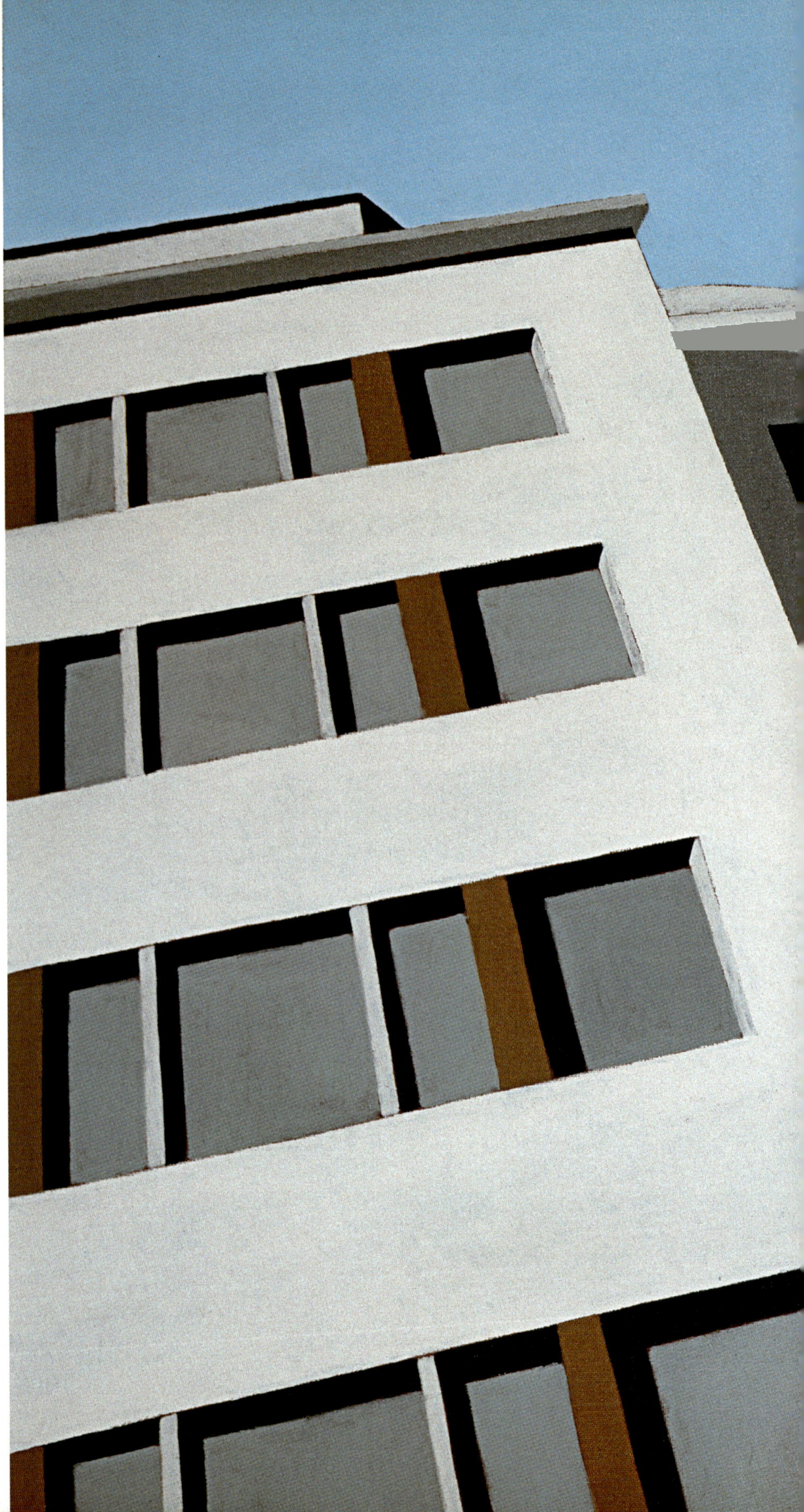

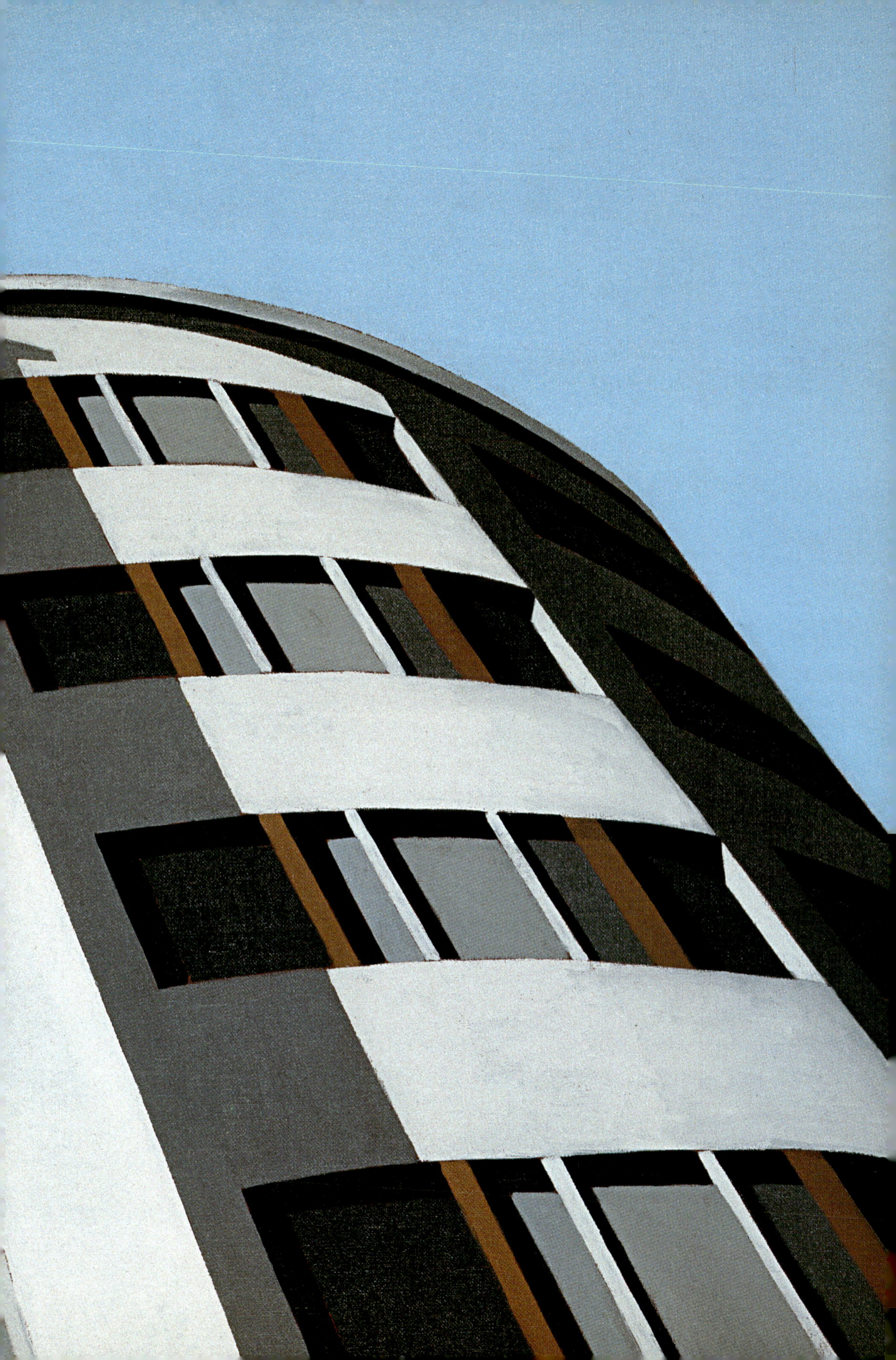

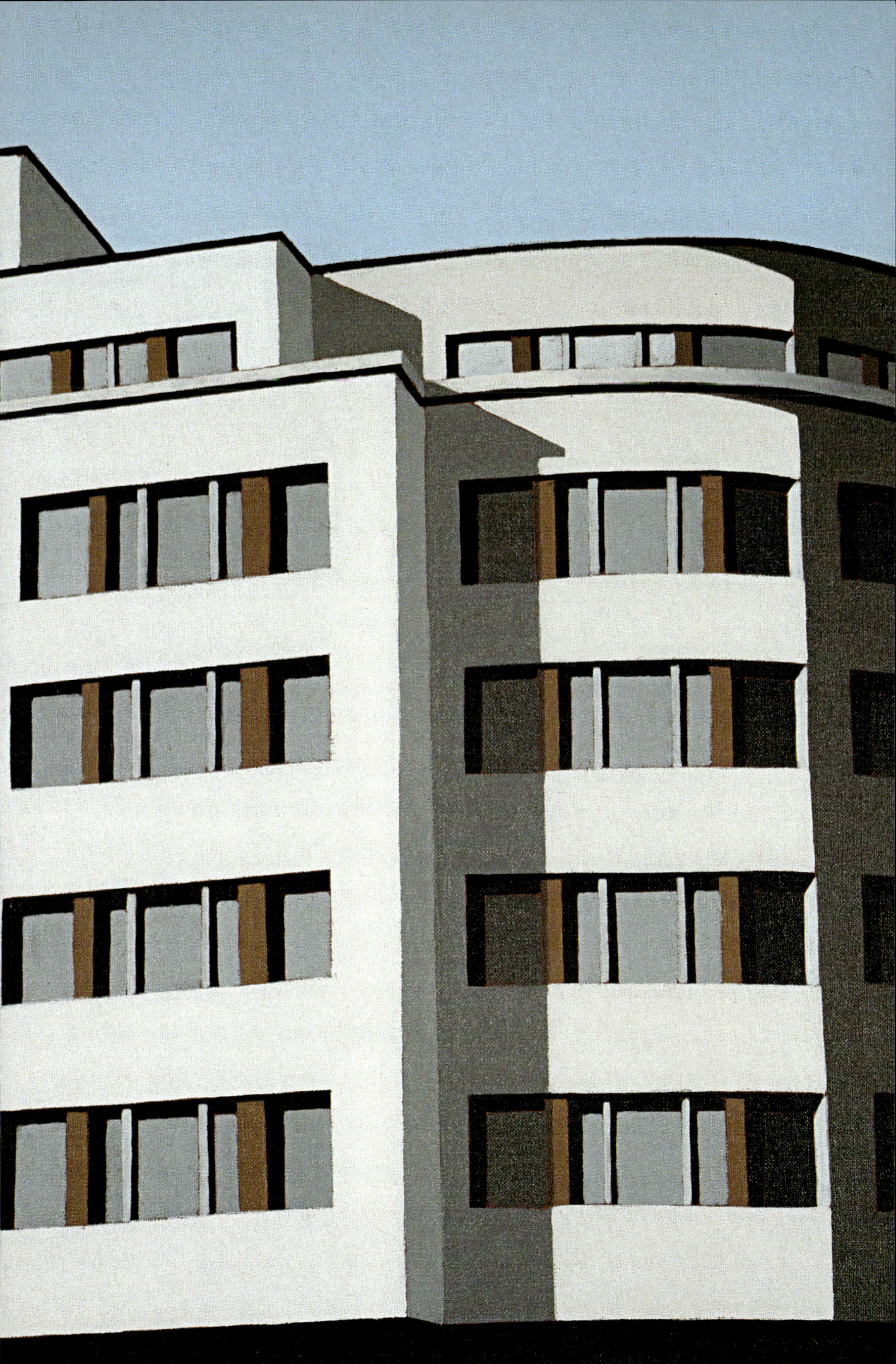

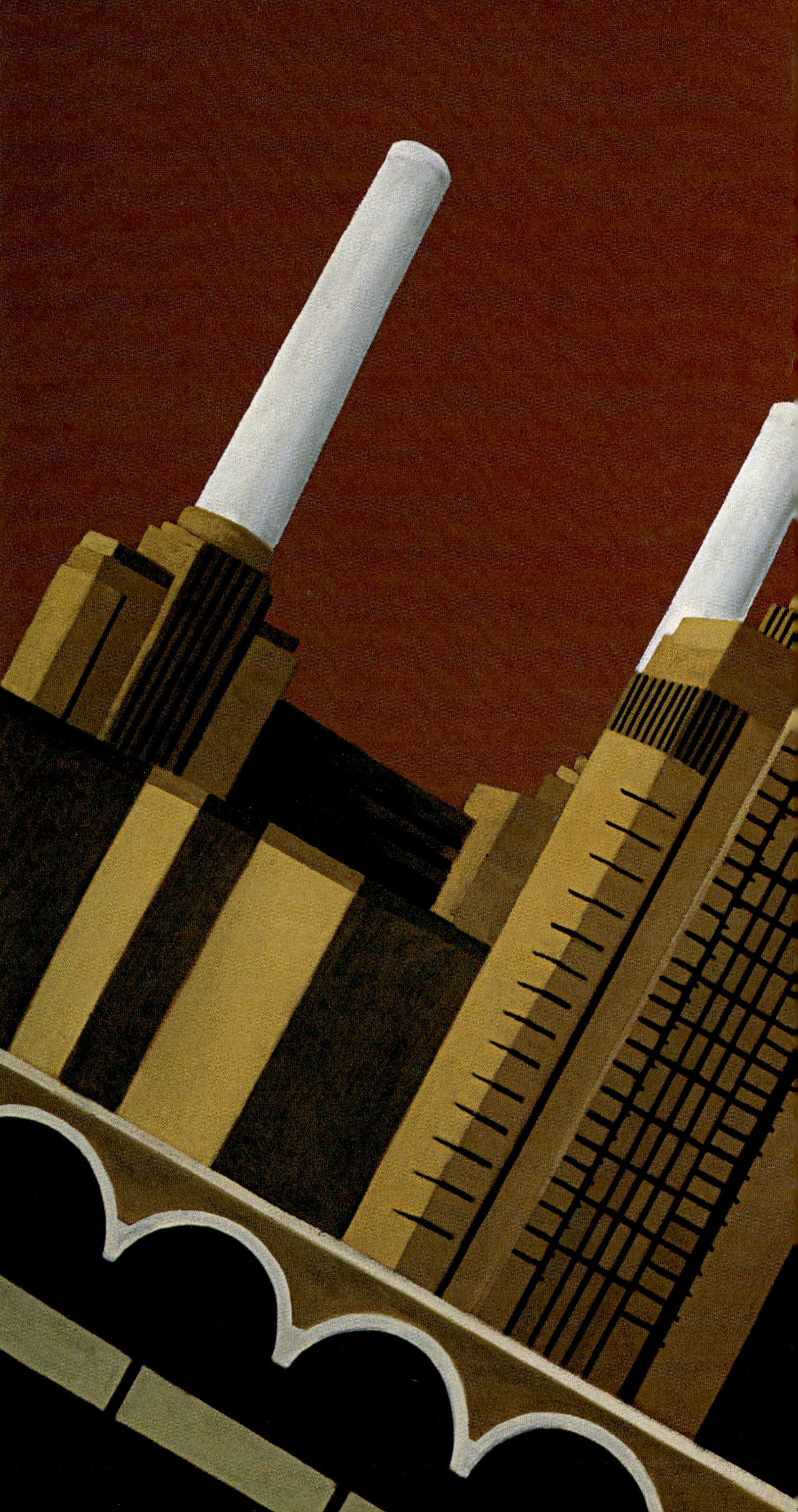

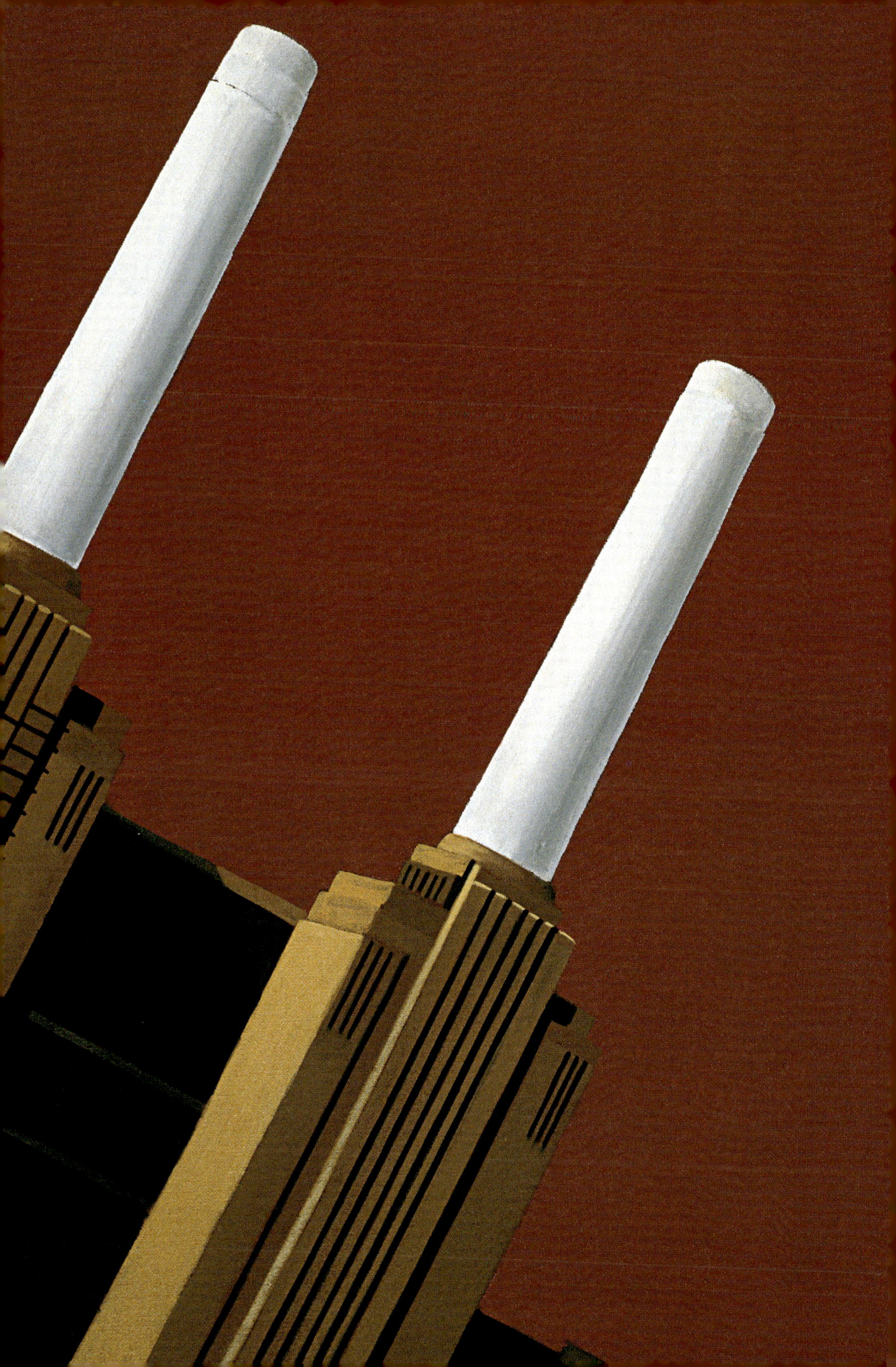

List of Works
Elenco delle opere

All works reproduced are part of the cycle
London Suspended, 2003 / Tutte le opere riprodotte
fanno parte del ciclo *London Suspended*, 2003

p. 11 - Oil on canvas/Olio su tela, cm 200x100

p. 12 - Oil on canvas/Olio su tela, cm 80x100

p. 14 - Oil on canvas/Olio su tela, cm 80x120

p. 16 - Oil on canvas/Olio su tela, cm 80x120

p. 18 - Oil on canvas/Olio su tela, cm 60x80

p. 21 - Oil on canvas/Olio su tela, cm 80x60

p. 22 - Oil on canvas/Olio su tela, cm 80x120

p. 24 - Oil on canvas/Olio su tela, cm 80x90

p. 26 - Oil on canvas/Olio su tela, cm 120x160

p. 28 - Oil on canvas/Olio su tela, cm 80x120

p. 30 - Oil on canvas/Olio su tela, cm 120x160

p. 32 - Oil on canvas/Olio su tela, cm 80x120

p. 34 - Oil on canvas/Olio su tela, cm 80x100

p. 36 - Oil on canvas/Olio su tela, cm 80x90

p. 38 - Oil on canvas/Olio su tela, cm 80x120

p. 40 - Oil on canvas/Olio su tela, cm 80x100

p. 43 - Oil on canvas/Olio su tela, cm 80x60

p. 44 - Oil on canvas/Olio su tela, cm 80x100

Biographical Notes
Note biografiche

Marco Petrus was born in Rimini in 1960.
Lives and works in Milan.
Marco Petrus è nato a Rimini nel 1960.
Vive e lavora a Milano.

Solo Exhibitions/Mostre personali

2004
Marco Petrus, Capricorno Gallery,
Washinghton D.C.

2003
London Suspended, Barbara Behan
Contemporary Art, London
Marco Petrus, Palazzo Frisacco, Tolmezzo,
Udine
Upside Down, Palazzo delle Stelline, Milano

2002
Marco Petrus, Nuova Artesegno, Udine

2001
Marco Petrus, Frullini Arte Contemporanea,
Pistoia
Omaggio a Moretti, Ordine degli Architetti,
Milano

2000
Verdeocra, Les chances de l'art, Bolzano

1999
Petrus 1999, Galleria Antologia, Monza
Il mistero delle città, Il Polittico, Roma

1998
Lo spazio del tempo, Galleria Mari,
Imbersago, Como

1997
Storie di città, Galleria S. Pantalon, Venezia

1996
Quadri da viaggio, Castello di Belgioioso,
Belgioioso, Pavia

Galleria Monopoli, Pavia

1995
Galleria Il Cenacolo, Piacenza

1993
Centro Arte S. Fedele, Milano

1991
Spazio Noa, Milano

Selected Group Exhibitions
Mostre collettive selezionate

2004
Anteprima, Torino XIV Quadriennale,
Promotrice delle Belle Arti, Torino

2003
*Italian Factory, La nuova scena artistica
italiana*, Parlement Européen, Strasbourg;
Istituto S. Maria della Pietà, *Extra 50*, 50.
Esposizione Internazionale d'Arte, Venezia;
Promotrice delle Belle Arti, Torino
Capricorno Gallery, Capri, Napoli
Il cuore, Barbara Behan Contemporary Art,
London
Europe Art Languages, Techo A.S. The
Factory Project, Praha; Centro Cultural
Moncoa, Madrid
Città, Studio Forni, Milano

2002
Premio Cairo Communication, Palazzo della
Permanente, Milano
Premio Donato Frisia, Merate, Como
Misure uniche per una collezione, Palazzo
Tiranni-Castracani, Cagli, Pesaro
53° Premio Michetti, Museo Michetti,
Francavilla al Mare, Chieti

2001
Premio Cairo Communication, La Posteria,
Milano
Landscape, Torre Medioevale, Moggio
Udinese, Udine
Premio Sabaudia F. Ferrazzi, Sabaudia,
Latina

2000
Sui Generis, Padiglione d'Arte
Contemporanea, Milano
Figurazione a Milano, La Posteria, Milano
Premio Donato Frisia, Merate, Como

1999
Le carte dell'officina milanese, Appiani Arte,
Milano
Sulla pittura, Palazzo Sarcinelli, Conegliano,
Treviso
Passeggiata italiana, Perc Tucker Regional
Gallery, Townsville; Sunshine Coast University,
Sunshine Coast, Australia

1998
Cronache vere, Spazio Consolo, Milano
Venature, La Posteria, Milano
VI Biennale dell'Incisione, Gaiarine, Treviso
Opera genera opera, Università degli Studi,
Bologna
Passeggiata italiana, Custmos House Gallery,
Brisbane, Cairns Regional Gallery, Cairns;
Co.As.It. Head Office-Faraday, Melbourne
XXXI Premio Vasto-Effetto Città, Vasto,
Chieti
Misure uniche per una collezione, Young
Museum, Revere, Mantova
Premio Donato Frisia, Merate, Como
Neovedutismo, Galleria Marieschi, Monza
Premio Casoli, Serra S. Quirico, Ancona
La città antica e contemporanea, Università
La Sapienza-Museo Laboratorio d'Arte
Contemporanea, Roma

1997
Esterno città, Appiani Arte, Milano
II Premio Morlotti (winner/premiato),
Imbersago, Como
XXXVII Premio Suzzara (winner/premiato),
Suzzara, Mantova

1996
In rilievo, Incisori Italiani e Tedeschi,
Ospedale Soave, Codogno, Milano
Metropoli, Artisti delle aree metropolitane
di Milano e Berlino, Assago, Milano
XVIII Rassegna Nazionale del Disegno
(winner/premiato), Nova Milanese, Milano

1995
Interpretations urbaines, Musée de Pully,
Lausanne
Xilon Italia, Museo di Villa Croce, Genova
Venature, AEG Kunstlerforderung, Berlin
Sentimento della città, Fondazione Corrente,
Milano
Il tempio abitato, Palazzo Centofirme,
Lissone, Milano
Cento artisti per la città, Palazzo della
Permanente, Milano

1994
Reale e immaginario, Santa Maria della
Pietà, Cremona
VII Triennale dell'Incisione, Palazzo della
Permanente, Milano
I colori della poesia-omaggio a Neruda,
Società Umanitaria, Milano

1993
Premio S. Carlo Borromeo (winner/premiato),
Palazzo della Permanente, Milano
XX Premio Sulmona (winner/premiato),
Sulmona, L'Aquila
Premio Internazionale per l'Incisione,
Palazzo Ferrero della Marmora, Biella
Venature, Palazzo Lanfranchi, Pisa
Utopie metropolitane, Facoltà di
Architettura, Milano
Linoleum, Collegio Cairoli, Pavia

1992
Arte giovane in Lombardia, Santa Maria
della Pietà, Cremona
Linoleum, Palazzo Sormani, Milano
VI Biennale della xilografia contemporanea,
Carpi, Modena

1991
Venature, Cascina Grande, Rozzano, Milano
Abitare il tempo, Verona
Tendenze, Centro Culturale Sardo, Milano

Per saperne di più su Charta
ed essere sempre aggiornato
sulle novità, entra in

To find out more about Charta,
and to learn about our most recent
publications, visit

www.chartaartbooks.it

Finito di stampare nell'ottobre 2003
da Lasergrafica Polver, Milano
per conto di Edizioni Charta